こころの輪

オリンピック編

世界で戦うアスリートの
くじけないメンタルをつくる24のヒント

発売 小学館
発行 小学館クリエイティブ

はじめに

スポーツが大好《だいす》きなみんなには、なやんだり、考《かんが》えたり、どうしたらいいかわからなくて困《こま》っていることがありますか？

もっとスポーツを楽《たの》しみたい。もっとうまくなりたい。もっと活躍《かつやく》して、いい記録《きろく》やいい結果《けっか》を出《だ》したい。もっともっとがんばって、勝《か》つよろこびを味《あじ》わいたい――。

そんな、スポーツが好《す》きな気持《きも》ちや、あつい思《おも》い、仲間《なかま》やライバルとの強《つよ》いきずながあるからこそ、思《おも》うように力《ちから》を出《だ》せないことでなやんだり、カベにぶつかって考《かんが》えこんだり、どんな練習《れんしゅう》をすればいいのかわからなくなることがあるかもしれません。

そんなときは、どうすればいいんだろう？

この本《ほん》では、柔道《じゅうどう》の阿部詩《あべうた》選手《せんしゅ》と阿部《あべ》一二三《ひふみ》選手《せんしゅ》、水泳《すいえい》の池江璃花子《いけえりかこ》選手《せんしゅ》、陸上《りくじょう》の山縣亮太《やまがたりょうた》選手《せんしゅ》と、それぞれの競技《きょうぎ》に熱中《ねっちゅう》し、世界《せかい》の舞台《ぶたい》で戦《たたか》ってきた4人《にん》のスポーツ選手《せんしゅ》に話《はなし》を聞《き》いてみました。

それぞれが、それぞれの道《みち》を歩《あゆ》んできて〝いま〟があるから、4人《にん》の答《こた》えはバラバラかもしれません。でも、だからこそ、たくさんの人《ひと》に当《あ》てはまる〝ヒント〟がかくされている。スポーツに向《む》き合《あ》うための答《こた》えは、ひとつではありません。そのことを、4人《にん》の言葉《ことば》が教《おし》えてくれます。

この本《ほん》には、たくましく前《まえ》へと進《すす》み続《つづ》ける4人《にん》の「本音《ほんね》」がちりばめられています。それらを『こころの輪《わ》』でつないだら、「もっとスポーツを楽《たの》しみたい！」と思《おも》っているみんなにとって、明日《あす》がもっと素敵《すてき》なものになるはずです。

阿部詩
（あべうた）

柔道家（じゅうどうか）

▶誕生日（たんじょうび）
2000年7月14日（ねんがつか）

▶生まれた場所（うまれたばしょ）
兵庫県（ひょうごけん）

▶星座／血液型（せいざ／けつえきがた）
かに座／B型（ざ／ビーがた）

＼ここがスゴい！／

おそれずに真っ向勝負！
（おそれずにまっこうしょうぶ！）

目の前に壁があったら、真正面から向き合ってこわして進む。まっすぐな性格で、どんな相手もおそれず立ち向かうよ！
（めのまえにかべがあったら、ましょうめんからむきあってこわしてすすむ。まっすぐなせいかくで、どんなあいてもおそれずたちむかうよ！）

＼ここがスゴい！／

キレ味するどい立ち技
（キレあじするどいたちわざ）

内股や袖釣込腰といった立ち技が大の得意。正面から相手と組んだら、あっという間に投げてしまうぞ！
（うちまたやそでつりこみごしといったたちわざがだいのとくい。しょうめんからあいてとくんだら、あっというまになげてしまうぞ！）

＼ここがスゴい！／

苦手も気づけば得意に！
（にがてもきづけばとくいに！）

かつては寝技が苦手だったけれど、努力のかいあって、いまや得意技に。新しい技を次つぎと習得していくよ！
（かつてはねわざがにがてだったけれど、どりょくのかいあって、いまやとくいわざに。あたらしいわざをつぎつぎとしゅうとくしていくよ！）

私《わたし》は柔道家《じゅうどうか》の阿部詩《あべうた》です。3人兄妹《にんきょうだい》の末《すえ》っ子《こ》で、この本《ほん》にもいっしょに登場《とうじょう》する柔道家《じゅうどうか》の一二三《ひふみ》と、さらに上《うえ》の兄《あに》がいます。いわゆる「末《すえ》っ子《こ》」タイプの自由《じゆう》ほんぽうな性格《せいかく》で、いろんな人《ひと》とおしゃべりして笑《わら》うのが大好《だいす》き。楽《たの》しいことに目《め》がなくて、好奇心《こうきしん》もおうせいだから、「やりたい！」と思《おも》ったらすぐにやってみる子《こ》どもでした。

5歳《さい》のとき、兄《あに》に連《つ》れられて行《い》った柔道場《じゅうどうじょう》で、道場《どうじょう》の雰囲気《ふんいき》や、年上《としうえ》のお兄《にい》さんやお姉《ねえ》さんに遊《あそ》んでもらうのが楽《たの》しくて、そのまま柔道《じゅうどう》を始《はじ》めました。それからはずっと柔道《じゅうどう》ひとすじ。ときに「練習《れんしゅう》がイヤだなあ」と思《おも》ったり、「友《とも》だちともっと遊《あそ》びたいな」と思《おも》ったこともあったけれど、家族《かぞく》やみんなにはげまされながら、オリンピックや世界選手権《せかいせんしゅけん》で優勝《ゆうしょう》できる選手《せんしゅ》になりました！

▶ おもな経歴《けいれき》

2017年《ねん》	グランプリ・デュッセルドルフ、女子《じょし》52kg級《きゅう》でＩＪＦ《アイジェイエフ》（国際柔道連盟《こくさいじゅうどうれんめい》）ワールド柔道《じゅうどう》ツアー初出場《はつしゅつじょう》・初優勝《はつゆうしょう》（16歳《さい》225日《にち》は史上最年少《しじょうさいねんしょう》） 世界《せかい》ジュニア柔道選手権大会《じゅうどうせんしゅけんたいかい》、女子《じょし》52kg級《きゅう》で優勝《ゆうしょう》
2018年《ねん》	世界柔道選手権大会《せかいじゅうどうせんしゅけんたいかい》（バクー）、女子《じょし》52kg級《きゅう》で初出場《はつしゅつじょう》・初優勝《はつゆうしょう》
2019年《ねん》	世界柔道選手権大会《せかいじゅうどうせんしゅけんたいかい》（東京《とうきょう》）、女子《じょし》52kg級《きゅう》で優勝《ゆうしょう》（2回目《かいめ》）
2021年《ねん》	東京《とうきょう》2020オリンピック、柔道女子《じゅうどうじょし》52kg級《きゅう》で金《きん》メダル（この階級《かいきゅう》で日本人初《にほんじんはつ》）、混合団体《こんごうだんたい》で銀《ぎん》メダル
2022年《ねん》	世界柔道選手権大会《せかいじゅうどうせんしゅけんたいかい》（タシケント）、女子《じょし》52kg級《きゅう》で優勝《ゆうしょう》（3回目《かいめ》）
2023年《ねん》	世界柔道選手権大会《せかいじゅうどうせんしゅけんたいかい》（ドーハ）、女子《じょし》52kg級《きゅう》で優勝《ゆうしょう》（4回目《かいめ》）

この本《ほん》のこころのコーチ②

阿《あ》部《べ》一《ひ》二《ふ》三《み》

柔道家《じゅうどうか》

＼ここがスゴい！／

世界一《せかいいち》の投《な》げ技《わざ》!

とにかく相手《あいて》を投《な》げるのが大好《だいす》き。得意《とくい》の背負投《せおいなげ》や、袖釣込腰《そでつりこみごし》など「担《かつ》ぎ技《わざ》」のキレがとにかくすごいんだ!

＼ここがスゴい！／

力強《ちからづよ》い「攻《せ》めの柔道《じゅうどう》」

豪快《ごうかい》で、圧倒的《あっとうてき》な柔道《じゅうどう》が見《み》ていて楽《たの》しい! 「オール一本勝《いっぽんが》ち」での大《たい》会優勝《かいゆうしょう》を何度《なんど》もなしとげているぞ!

▶誕生日《たんじょうび》

1997年《ねん》8月《がつ》9日《か》

▶生《う》まれた場所《ばしょ》

兵庫県《ひょうごけん》

▶星座《せいざ》／血液型《けつえきがた》

しし座《ざ》／O型《オーがた》

＼ここがスゴい！／

努力《どりょく》でつかんだ強《つよ》いカラダ

とにかく努力《どりょく》の人《ひと》。トレーニングできたえた体幹《たいかん》や足腰《あしこし》の強《つよ》さがあるから、相手《あいて》にどんな技《わざ》をかけられてもたえられるんだ!

ぼくの名前《なまえ》は阿部《あべ》一二三《ひふみ》。みんなにわかりやすく自己紹介《じこしょうかい》をするなら、オリンピックと世界選手権《せかいせんしゅけん》で優勝《ゆうしょう》した柔道家《じゅうどうか》だよ！　一本勝《いっぽんが》ちが大好《だいす》きで、相手《あいて》を投《な》げる技《わざ》にはとても自信《じしん》があるんだ。負《ま》けずぎらいな性格《せいかく》だから、つねに1番《ばん》をめざして練習《れんしゅう》にはげんでいるよ。柔道場《じゅうどうじょう》のたたみを下《お》りたら、どこにでもいる普通《ふつう》の人《ひと》だと思《おも》うけれど、柔道《じゅうどう》にかぎらず、目標《もくひょう》があればなにごとにもしっかり努力《どりょく》できるところはぼくの長所《ちょうしょ》。反対《はんたい》に、まっすぐに集中《しゅうちゅう》しすぎて、まわりが見《み》えなくなってしまうところがあるので、そこは短所《たんしょ》かもしれないね。

ともに柔道《じゅうどう》をやっている妹《いもうと》の詩《うた》は、家族《かぞく》であり、よきライバル。似《に》ている部分《ぶぶん》も、そうでないところもあるけれど、日日《ひび》、おたがいを刺激《しげき》しながらがんばっているんだ！

▶ おもな経歴《けいれき》

2014年《ねん》　講道館杯全日本柔道体重別選手権大会《こうどうかんはいぜんにほんじゅうどうたいじゅうべつせんしゅけんたいかい》、男子《だんし》66kg級《きゅう》で初出場《はつしゅつじょう》・初優勝《はつゆうしょう》（高校《こうこう》2年生《ねんせい》での優勝《ゆうしょう》は史上初《しじょうはつ》）
グランドスラム・東京《とうきょう》、男子《だんし》66kg級《きゅう》でグランドスラム初出場《はつしゅつじょう》・初優勝《はつゆうしょう》（17歳《さい》118日《にち》は史上最年少《しじょうさいねんしょう》）

2017年《ねん》　世界柔道選手権大会《せかいじゅうどうせんしゅけんたいかい》（ブダペスト）、男子《だんし》66kg級《きゅう》で初出場《はつしゅつじょう》・初優勝《はつゆうしょう》

2018年《ねん》　世界柔道選手権大会《せかいじゅうどうせんしゅけんたいかい》（バクー）、男子《だんし》66kg級《きゅう》で優勝《ゆうしょう》（2回目《かいめ》）

2021年《ねん》　東京《とうきょう》2020オリンピック、柔道《じゅうどう》66kg級《きゅう》で金メダル、混合団体《こんごうだんたい》で銀《ぎん》メダル

2022年《ねん》　世界柔道選手権大会《せかいじゅうどうせんしゅけんたいかい》（タシケント）、男子《だんし》66kg級《きゅう》で優勝《ゆうしょう》（3回目《かいめ》）

2023年《ねん》　世界柔道選手権大会《せかいじゅうどうせんしゅけんたいかい》（ドーハ）、男子《だんし》66kg級《きゅう》で優勝《ゆうしょう》（4回目《かいめ》）

この本《ほん》のこころのコーチ③

池《いけ》江《え》璃《り》花《か》子《こ》

競泳選手《きょうえいせんしゅ》

▶誕生日《たんじょうび》

2000年《ねん》7月《がつ》4日《か》

▶生《う》まれた場所《ばしょ》

東京都《とうきょうと》

▶星座《せいざ》／血液型《けつえきがた》

かに座《ざ》／O型《オーがた》

＼ここがスゴい！／

美《うつく》しくカッコいいフォーム

得意《とくい》な泳《およ》ぎは自由形《じゆうがた》とバタフライ。美《うつく》しいフォームで、ダイナミックかつ、のびやかに泳《およ》ぐ姿《すがた》がカッコいい！

＼ここがスゴい！／

逆境《ぎゃっきょう》に負《ま》けない精神力《せいしんりょく》

どんなに苦《くる》しいときも、希望《きぼう》の光《ひかり》を見失《みうしな》わずに一歩《いっぽ》ずつ前《まえ》へ。いつでも「泳《およ》ぐのが楽《たの》しい」という原点《げんてん》を忘《わす》れない！

＼ここがスゴい！／

日本記録《にほんきろく》がいっぱい！

個人種目《こじんしゅもく》で11個《こ》、リレー種目《しゅもく》で6個《こ》、なんと合計《ごうけい》17種目《しゅもく》も日本記録《にほんきろく》を持《も》っているよ！（※2024年《ねん》6月《がつ》現在《げんざい》）

競《きょう》泳選手《えいせんしゅ》の池江璃花子《いけえりかこ》です。得意《とくい》な泳《およ》ぎは「自由形《じゆうがた》」と「バタフライ」。3歳《さい》のころに兄《あに》や姉《あね》の影響《えいきょう》で水泳《すいえい》を始《はじ》めてから、いろいろなレースや大会《たいかい》に出《で》て、これまでにたくさんの日本記録《にほんきろく》を更新《こうしん》してきたよ！

小学生《しょうがくせい》のころは、「勉強《べんきょう》しなさい」って言《い》われるのは好《す》きじゃなかったけれど、とにかく体《からだ》を動《うご》かすことが大好《だいす》きで、雨《あめ》の日《ひ》以外《いがい》は毎日《まいにち》、外《そと》で遊《あそ》んでいるような子《こ》どもでした。習《なら》いごともいろいろやったけれど、水泳《すいえい》は一番楽《いちばんたの》しくて、サボることもなく、ずっと続《つづ》けられたスポーツなんだ！

「泳《およ》ぐのが楽《たの》しい」「もっと速《はや》く泳《およ》ぎたい」という気持《きも》ちを大切《たいせつ》にしながら、ときにつらいことや苦《くる》しいことがあっても、自分《じぶん》なりに一生懸命《いっしょうけんめい》がんばってきました。そんな経験《けいけん》をみんなに伝《つた》えられたらいいな！

▶ おもな経歴《けいれき》

2014年《ねん》　中学《ちゅうがく》1年《ねん》でジュニアオリンピックカップ春季水泳競技大会《しゅんきすいえいきょうぎたいかい》（13～14歳区分《さいくぶん》）出場《しゅつじょう》、
50m・100m自由形《じゆうがた》で短水路中学記録《たんすいろちゅうがくきろく》を更新《こうしん》して優勝《ゆうしょう》
日本選手権水泳競技大会《にほんせんしゅけんすいえいきょうぎたいかい》、全種目《ぜんしゅもく》を通《つう》じて中学生《ちゅうがくせい》として唯一《ゆいいつ》の決勝進出《けっしょうしんしゅつ》

2016年《ねん》　リオデジャネイロオリンピック出場《しゅつじょう》。日本人選手最多《にほんじんせんしゅさいた》の7種目《しゅもく》にエントリーし、
100mバタフライで5位入賞《いにゅうしょう》

2017年《ねん》　日本選手権水泳競技大会《にほんせんしゅけんすいえいきょうぎたいかい》、5種目《しゅもく》で優勝《ゆうしょう》し、女子史上初《じょししじょうはつ》となる5冠達成《かんたっせい》

2018年《ねん》　アジア競技大会《きょうぎたいかい》（ジャカルタ）、競泳《きょうえい》6種目《しゅもく》で優勝《ゆうしょう》し、
日本人史上初《にほんじんしじょうはつ》の6冠達成《かんたっせい》で大会最優秀選手《たいかいさいゆうしゅうせんしゅ》（MVP《エムブイピー》）に選出《せんしゅつ》

2021年《ねん》　東京《とうきょう》2020オリンピック、競泳《きょうえい》3種目《しゅもく》に出場《しゅつじょう》。女子《じょし》4×100mメドレーリレーでは決勝《けっしょう》に進出《しんしゅつ》

この本《ほん》のこころのコーチ④

山《やま》縣《がた》亮《りょう》太《た》

陸上選手《りくじょうせんしゅ》

＼ここがスゴい！／

日本最速《にほんさいそく》スプリンター！

2021年《ねん》に100m「9秒《びょう》95」の日本新記録《にほんしんきろく》を更新《こうしん》。10秒《びょう》の壁《かべ》をやぶった日本人選手《にほんじんせんしゅ》は4人《にん》しかいないんだ！（※2024年《ねん》6月現在《がつげんざい》）

＼ここがスゴい！／

大舞台《おおぶたい》でベストを出《だ》せる！

オリンピックでの日本人最速記録《にほんじんさいそくきろく》や、リレーでの歴史的《れきしてき》な銀《ぎん》メダル獲得《かくとく》など、大《おお》きな大会《たいかい》での勝負強《しょうぶづよ》さは抜群《ばつぐん》だ！

▶ 誕生日《たんじょうび》

1992年《ねん》6月《がつ》10日《か》

▶ 生《う》まれた場所《ばしょ》

広島県《ひろしまけん》

▶ 星座《せいざ》／血液型《けつえきがた》

ふたご座《ざ》／A型《エーがた》

＼ここがスゴい！／

走《はし》りをきわめる探究心《たんきゅうしん》

つねに自分《じぶん》のフォームを研究《けんきゅう》し、どうしたらもっと速《はや》く走《はし》れるのかを考《かんが》え続《つづ》ける探究心《たんきゅうしん》はだれにも負《ま》けない！

陸《りく》上選手《じょうせんしゅ》の山縣亮太《やまがたりょうた》です。短距離走《たんきょりそう》を専門《せんもん》にしていて、100メートル走《そう》で「9秒《びょう》95」の日本記録《にほんきろく》を持《も》っているよ！

子《こ》どものころはサッカー、野球《やきゅう》、ドッジボールなどさまざまなスポーツを楽《たの》しんでいたけれど、だんだんと10歳《さい》で始《はじ》めた陸上《りくじょう》に集中《しゅうちゅう》するようになったんだ。中学生《ちゅうがくせい》のころは練習《れんしゅう》がきつくてサボりたくなったときもあったけれど……でも、友《とも》だちとはげましあって、なんとかがんばって続《つづ》けてきたんだ。

ぼくは興味《きょうみ》があることに対《たい》する探求心《たんきゅうしん》が強《つよ》くて、もっと速《はや》く走《はし》るために自分《じぶん》のことを研究《けんきゅう》するのが大好《だいす》きな性格《せいかく》だから、たくさんのことを試《ため》して経験《けいけん》を積《つ》むことで、いろいろな角度《かくど》から競技《きょうぎ》のことを見《み》られるようになったんだ。ぼくのエピソードを参考《さんこう》に、みんなも自分《じぶん》のことをもっと知《し》ってほしいな！

▶ おもな経歴《けいれき》

2012年《ねん》	ロンドンオリンピック出場《しゅつじょう》。男子《だんし》100mで準決勝進出《じゅんけっしょうしんしゅつ》、男子《だんし》4×100mリレーで4位《い》入賞《にゅうしょう》
2013年《ねん》	日本陸上競技選手権大会《にほんりくじょうきょうぎせんしゅけんたいかい》、男子《だんし》100mで初優勝《はつゆうしょう》
2016年《ねん》	リオデジャネイロオリンピック出場《しゅつじょう》。男子《だんし》100mでオリンピック日本選手史上最速《にほんせんしゅしじょうさいそく》となる「10秒《びょう》05」を記録《きろく》。男子《だんし》4×100mリレーで銀《ぎん》メダル獲得《かくとく》
2018年《ねん》	アジア競技大会《きょうぎたいかい》（ジャカルタ）、男子《だんし》4×100mリレーで優勝《ゆうしょう》 日本陸上競技選手権大会《にほんりくじょうきょうぎせんしゅけんたいかい》、男子《だんし》100mで優勝《ゆうしょう》（2回目《かいめ》）
2021年《ねん》	100m自己《じこ》ベストの「9秒《びょう》95」をマークし、日本新記録《にほんしんきろく》を樹立《じゅりつ》 東京《とうきょう》2020オリンピック出場《しゅつじょう》。日本選手団主将《にほんせんしゅだんしゅしょう》を務《つと》める

柔《じゅう》道《どう》はこんな競《きょう》技《ぎ》！

柔道《じゅうどう》のルール

一《いち》対一《たいいち》の勝負《しょうぶ》で、相手《あいて》を投《な》げたり、おさえこんだりする競技《きょうぎ》。自分《じぶん》と同《おな》じぐらいの体重《たいじゅう》の相手《あいて》と戦《たたか》う。個人戦《こじんせん》と団体戦《だんたいせん》があって、試合時間《しあいじかん》は4分《ぷん》。4分《ぷん》たって決着《けっちゃく》がつかなかった場合《ばあい》は、延長戦《えんちょうせん》で勝敗《しょうはい》を決《き》める。一辺《いっぺん》14～16メートルの正方形《せいほうけい》の柔道場《じゅうどうじょう》で試合《しあい》をする。

立《た》った状態《じょうたい》から相手《あいて》を投《な》げる「投《な》げ技《わざ》」と寝《ね》転《ころ》んだ状態《じょうたい》でしかける「固《かた》め技《わざ》（寝技《ねわざ》）」に分《わ》かれていて、技《わざ》は合計《ごうけい》100種類《しゅるい》もあるんだ！　成功《せいこう》すると「一本《いっぽん》」か「技《わざ》あり」になる。逆《ぎゃく》に技《わざ》をかける気《き》がなかったり、逃《に》げたりすると「指導《しどう》」というペナルティをもらってしまうんだ。

柔道着《じゅうどうぎ》の上着《うわぎ》は帯《おび》の中《なか》に入《い》れ、帯《おび》をきっちりと締《し》めなくちゃいけない。柔道着《じゅうどうぎ》が乱《みだ》れて、審判《しんぱん》が「待《ま》て」の合図《あいず》を出《だ》したら、すばやく直《なお》さなきゃいけないよ。ちなみに、ネックレスや指輪《ゆびわ》をつけたら、反則負《はんそくま》けになってしまう。

体重《たいじゅう》によって相手《あいて》が変《か》わる

男子《だんし》	60kg級《きゅう》	66kg級《きゅう》	73kg級《きゅう》	81kg級《きゅう》	90kg級《きゅう》	100kg級《きゅう》	100kg超級《ちょうきゅう》
女子《じょし》	48kg級《きゅう》	52kg級《きゅう》	57kg級《きゅう》	63kg級《きゅう》	70kg級《きゅう》	78kg級《きゅう》	78kg超級《ちょうきゅう》

柔道《じゅうどう》には「階級《かいきゅう》」というものがあって、体重《たいじゅう》ごとにクラス分《わ》けされるんだ。これは、体重《たいじゅう》に大《おお》きな差《さ》があると、ケガや事故《じこ》になりやすいから。ちなみに、男女混合《だんじょこんごう》の団体戦《だんたいせん》は階級《かいきゅう》が3つしかない。

勝《か》ち負《ま》けを決《き》める方法《ほうほう》

一本《いっぽん》	一本《いっぽん》を取《と》ると、その時点《じてん》で勝《か》ちが決《き》まる。投《な》げ技《わざ》で一本《いっぽん》を取《と》るには、「スピード」「力強《ちからづよ》さ」「相手《あいて》の背中《せなか》がたたみにつく」「相手《あいて》をコントロール」のすべてをクリアしている必要《ひつよう》があるよ。寝技《ねわざ》のうちおさえこんで一本《いっぽん》を取《と》るには、相手《あいて》の背中《せなか》と肩《かた》を20秒間《びょうかん》たたみにつけなきゃいけないんだ。
技《わざ》あり	技《わざ》ありを2回《かい》取《と》れば、その時点《じてん》で勝《か》ちになるよ。「もう少《すこ》しで一本《いっぽん》だったかな」というとき、技《わざ》ありになる。試合時間《しあいじかん》がすぎて、自分《じぶん》が技《わざ》あり「1」で相手《あいて》が技《わざ》あり「0」だったら勝《か》ちになるよ。
指導《しどう》	指導《しどう》を3回《かい》もらうと負《ま》けになる。消極的《しょうきょくてき》な行動《こうどう》や軽《かる》い反則《はんそく》には指導《しどう》が与《あた》えられるんだ。
反則負《はんそくま》け	危険《きけん》な行為《こうい》をすると1回《かい》で反則負《はんそくま》けになってしまう。

水泳《すいえい》はこんな競技《きょうぎ》！

池江選手《いけえせんしゅ》が活躍《かつやく》するバタフライは、両腕《りょううで》を前後《ぜんご》に回《まわ》すように動《うご》かして進《すす》む泳《およ》ぎかた。両腕《りょううで》と両足《りょうあし》のタイミングが合《あ》わないとうまく前進《ぜんしん》できないからとても難《むずか》しくて、クロール（自由形《じゆうがた》）の次《つぎ》にスピードが出《で》る。

水泳《すいえい》のルール

水《すい》泳《えい》は、泳《およ》ぐ速《はや》さを競《きそ》うスポーツで、「個人種目《こじんしゅもく》」と「リレー種目《しゅもく》」があるよ。個人種目《こじんしゅもく》は泳《およ》ぎかたごとにレースが分《わ》けられているんだ（自由形《じゆうがた》・背《せ》泳《およ》ぎ・平泳《ひらおよ》ぎ・バタフライ・個人《こじん》メドレー）。また、リレー種目《しゅもく》では、4人《にん》の選手《せんしゅ》がひとりひとつの泳法《えいほう》で泳《およ》ぐ「メドレーリレー」と、自由形《じゆうがた》の「フリーリレー」がある。ちなみに、水着《みずぎ》は認《みと》められているもの以外《いがい》を着用《ちゃくよう》してはいけないよ。

短《たん》距《きょ》離《り》走《そう》はこんな競《きょう》技《ぎ》！

ひと言《こと》でいうと…

走《はし》って一番早《いちばんはや》く ゴールしたら勝《か》ち！

短距離走《たんきょりそう》のルール

ルールはとてもシンプルで、陸上《りくじょう》トラックの上《うえ》を走《はし》って一番早《いちばんはや》くゴールすれば勝利《しょうり》。胴体《どうたい》がフィニッシュ（＝ゴール）ラインに到達《とうたつ》したらゴールしたとみなされるよ。また、レースをおこなう瞬間《しゅんかん》、追《お》い風《かぜ》が強《つよ》いとタイムが出《で》やすくなるから、追《お》い風《かぜ》の風速《ふうそく》が2メートルをこえると、どれだけ速《はや》く走《はし》っても公式記録《こうしききろく》には残《のこ》らないんだ。

100m、200m、400mでスタートするときは、「クラウチングスタート」をおこなうよ。肩幅《かたはば》より広《ひろ》めに腕《うで》を広《ひろ》げて地面《じめん》に指《ゆび》をつけるんだ。審判《しんぱん》が「On your marks《オン ユア マークス》（位置《いち》について）」と言《い》ったら、台《だい》に足《あし》をのせ、「Set《セット》（用意《ようい》）」と言《い》ったら後《うし》ろ足《あし》のひざを上《あ》げて、ピストルが鳴《な》ったらスタートする。「Set《セット》」のあと腰《こし》を上《あ》げた状態《じょうたい》で止《と》まらないと注意《ちゅうい》されたり、ピストルが鳴《な》る前《まえ》にスタートをすると、1回《かい》で失格《しっかく》になっちゃうんだ。

はじめに　2

この本《ほん》のこころのコーチ　4

競技《きょうぎ》の紹介《しょうかい》　12

第《だい》1章《しょう》

一歩《いっぽ》をふみだして挑戦《ちょうせん》するためのヒント

01
「楽《たの》しい」から始《はじ》める。
「くやしい」から続《つづ》ける。そのかけ算《ざん》で強《つよ》くなった。
――阿部《あべ》一二三《ひふみ》　24

02
子《こ》どものころは「好《す》き」な気持《きも》ちを大切《たいせつ》に。
大丈夫《だいじょうぶ》、ムリしないで、思《おも》いきり楽《たの》しんで！
――池江璃花子《いけえりかこ》　28

03
「みんなでいっしょに」が最高《さいこう》に楽《たの》しい。
ぼくはそれで足《あし》が速《はや》くなった。
――山縣亮太《やまがたりょうた》　32

04
「負《ま》けて泣《な》くほど練習《れんしゅう》したのか？」
お父《とう》さんに聞《き》かれて私《わたし》は変《か》わった。
——阿部詩《あべうた》 36

ウタのこぼれ話《ばなし》コラム
「天才《てんさい》」「怪物《かいぶつ》」と呼《よ》ばれるけれど 40

第《だい》2章《しょう》 努力《どりょく》して成長《せいちょう》するためのヒント

05
中学時代《ちゅうがくじだい》、はじめて「スイッチ」が入《はい》った
あのとき、目標《もくひょう》を持《も》つことの意味《いみ》を知《し》った。
——池江璃花子《いけえりかこ》 42

06
大切《たいせつ》なのは目《め》の前《まえ》の一歩《いっぽ》。
そのための正《ただ》しい努力《どりょく》ができているかな？
——山縣亮太《やまがたりょうた》 46

07
キツい練習《れんしゅう》は大《だい》きらい。でも始《はじ》めれば
いつか終《お》わるから私《わたし》は今日《きょう》も練習《れんしゅう》をする。
——阿部詩《あべうた》 50

08
2番《ばん》はイヤだ、1番《ばん》がいい!
だからぜったいに「準備《じゅんび》」の手《て》は抜《ぬ》かない。
——阿部一二三《あべひふみ》 54

ヒフミのこぼれ話《ばなし》コラム
成長《せいちょう》に結果《けっか》がついてきて、自信《じしん》になる 58

第《だい》3章《しょう》
緊張《きんちょう》やプレッシャーにうちかつためのヒント

09
緊張《きんちょう》は「慣《な》れ」でコントロールしてみよう。
その力《ちから》は、負《ま》けを知《し》るほど大《おお》きくなる!
——山縣亮太《やまがたりょうた》 60

10
気持《きも》ちが乗《の》らないときは目標《もくひょう》を小《ちい》さく。
ひとつずつクリアすればまた大《おお》きくふくらむよ!
——阿部詩《あべうた》 64

11
プレッシャーに勝《か》つのも負《ま》けるのも自分《じぶん》。
見《み》つめるべきは相手《あいて》より自分《じぶん》。
——阿部一二三《あべひふみ》
68

12
勝《か》ちたいから緊張《きんちょう》する。みんなと同《おな》じで、
私《わたし》も勝《か》ちたいからめちゃくちゃ緊張《きんちょう》するよ！
——池江璃花子《いけえりかこ》
72

イケエのこぼれ話《ばなし》コラム
忘《わす》れられないふしぎな記憶《きおく》
76

第《だい》4章《しょう》
高《たか》いカベを乗《の》りこえるためのヒント

13
大《おお》きな目標《もくひょう》から逆算《ぎゃくさん》して
いまやるべきことを考《かんが》える。それが成長《せいちょう》の近道《ちかみち》。
——阿部詩《あべうた》
78

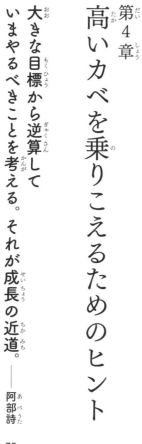

14
勝《か》っても負《ま》けても変《か》わらない。
それが本当《ほんとう》の強《つよ》さ。
——阿部一二三《あべひふみ》
82

15
私《わたし》は「負《ま》ける」と思《おも》ったことがなかった。
でも、「欲《よく》」を持《も》っていなかったから負《ま》けた。
——池江璃花子《いけえりかこ》
86

16
目《め》の前《まえ》に大《おお》きなカベがあったら、
ぼくはまず「カベの材質《ざいしつ》」を調《しら》べてみる。
——山縣亮太《やまがたりょうた》
90

17
仲間《なかま》を信頼《しんらい》して感謝《かんしゃ》して
私《わたし》は私《わたし》らしくどんどんつき進《すす》む。
——阿部詩《あべうた》
94

18
最後《さいご》の最後《さいご》は技術《ぎじゅつ》より気持《きも》ち。
ぼくは結果《けっか》だけを求《もと》めてライバルにいどみ続《つづ》けた。
——阿部一二三《あべひふみ》
98

19
力《ちから》が入《はい》らないとき、苦《くる》しいときは、
「楽《たの》しい」と感《かん》じる原点《げんてん》を探《さが》して環境《かんきょう》を変《か》えてみる。
——池江璃花子《いけえりかこ》
102

20 メンタルは強《つよ》くならない。でも、考《かんが》えかたを変《か》えれば「気《き》にならない」ことを増《ふ》やせる。――山縣亮太《やまがたりょうた》 106

ヤマガタのこぼれ話《ばなし》コラム
長所《ちょうしょ》と短所《たんしょ》はオモテとウラ 110

第《だい》5章《しょう》 夢《ゆめ》や目標《もくひょう》を達成《たっせい》するためのヒント

21 努力《どりょく》が「好《す》き」を「得意《とくい》」に変《か》えてくれる。だからやり続《つづ》けてみて！――阿部一二三《あべひふみ》 112

22 すべてが自分《じぶん》の実力《じつりょく》。くやしいけれど、私《わたし》はひたすら歯《は》をくいしばって、前《まえ》に進《すす》んでいく！――池江璃花子《いけえりかこ》 116

23
だれかのアドバイスにはヒントがある。
でも決《き》めるのは自分《じぶん》。そのバランスを大切《たいせつ》に！
——山縣亮太《やまがたりょうた》 120

24
後悔《こうかい》しない道《みち》を選《えら》ぶより
選《えら》んだ道《みち》を後悔《こうかい》しないように歩《ある》くのが大切《たいせつ》。
——阿部詩《あべうた》 124

保護者《ほごしゃ》・指導者《しどうしゃ》のみなさんへ 128

おわりに 136

第《だい》 1 章《しょう》

一歩《いっぽ》をふみだして
挑戦《ちょうせん》するためのヒント

ヒント 01

「楽《たの》しい」から
始《はじ》める。
「くやしい」から
続《つづ》ける。
そのかけ算《ざん》で
強《つよ》くなった。

ヒフミ先生《せんせい》からキミへ

「楽《たの》しい」と「くやしい」ふたつの気《き》持《も》ちが人《ひと》を強《つよ》くする

きっかけは、テレビで見《み》た柔道《じゅうどう》の試合《しあい》だった。

「カッコいい！」

そう思《おも》ったぼくは、すぐに、兄《あに》といっしょに道場《どうじょう》に通《かよ》い始《はじ》めた。体《からだ》の大《おお》きい人《ひと》がたくさんいて、最初《さいしょ》はすごくこわかったけれど、兄《あに》といっしょだったから柔道《じゅうどう》を習《なら》い始《はじ》めることができた。

とにかく楽《たの》しかった。ぼくは相手《あいて》を投《な》げる瞬間《しゅんかん》が一番《いちばん》好《す》きだ。投《な》げ技《わざ》を決《き》めて相手《あいて》に勝《か》つことがなによりも楽《たの》しいし、そのためにたくさん練習《れんしゅう》をして、その成果《せいか》を試合《しあい》で発《はっ》揮《き》できることがうれしくてしょうがなかった。

だから、子《こ》どものころからどんな相手《あいて》でも投《な》げにいった。学年《がくねん》が上《あ》がっていっても、

その戦《たたか》いかたを変《か》えなかった。そうやって〝相手《あいて》を投《な》げること〟にこだわり続《つづ》け、投《な》げ技《わざ》をみがき続《つづ》けたことで、大人《おとな》になったいまのぼくにとって絶対的《ぜったいてき》な自信《じしん》を持《も》てる武器《ぶき》になった。〝好《す》き〟をつらぬくことは、とても大切《たいせつ》なことだ。ぼくはそう思《おも》う。

もちろん、うまくいかないこともあった。

そんなときにぼくの力《ちから》になったのが「くやしい」という気持《きも》ちだ。


小学校《しょうがっこう》2年生《ねんせい》のとき、同学年《どうがくねん》の女子選手《じょしせんしゅ》に負《ま》けた。しかも1回《かい》だけじゃなく、同《おな》じ相手《あいて》に何度《なんど》も負《ま》けた。それがめちゃくちゃくやしかった。

まだ小学生《しょうがくせい》だったから、男子《だんし》と女子《じょし》で体《からだ》の大《おお》きさはほとんど変《か》わらなかった。だから「女《おんな》の子《こ》に負《ま》けた」というはずかしさなんてなかった。ただ、単純《たんじゅん》に「強《つよ》い」と感《かん》じた相手《あいて》に勝《か》てなかったことが、とにかくくやしかった。

彼女《かのじょ》に勝《か》つために、ぼくはいろいろな練習《れんしゅう》にトライした。近所《きんじょ》の公園《こうえん》でお父《とう》さんに練習《れんしゅう》を見《み》てもらったり、自分《じぶん》より強《つよ》くて大《おお》きい相手《あいて》とたくさん試合《しあい》をしたり……。

あの子《こ》に勝《か》ちたい――。

その気持《きも》ちは、小学生時代《しょうがくせいじだい》のぼくにとって大《おお》きなモチベーションだった。結局《けっきょく》、6年《ねん》生《せい》になっても一度《いちど》も勝《か》てなかったけれど、「どうしたら勝《か》てるんだろう」と真剣《しんけん》に考《かんが》えて、勝《か》つために努力《どりょく》した日日《ひび》は柔道家《じゅうどうか》としてのぼくの原点《げんてん》になっている。

強《つよ》くなるために必要《ひつよう》なことは、ふたつあると思《おも》う。

まずは、そのスポーツを心《こころ》から「楽《たの》しい」と思《おも》えること。楽《たの》しいからもっとうまくなりたいと思《おも》えるし、きびしい練習《れんしゅう》にも取《と》りくめる。

もうひとつは「くやしい」という気持《きも》ちを、練習《れんしゅう》にはげむためのパワーに変《か》えることだ。どんなに楽《たの》しくても、いつかかならずカベにぶつかるはず。そのときに感《かん》じる「くやしい」という気持《きも》ちを練習《れんしゅう》にぶつければ、きっと、どんどん強《つよ》くなれると思《おも》う。

もしも、みんなの心《こころ》のなかに「楽《たの》しい」と「くやしい」があるなら、そのスポーツを続《つづ》けてほしい。そのふたつの気持《きも》ちさえあれば、どんなに大《おお》きなカベでも乗《の》りこえられるし、スポーツを通《つう》じてたくさんのことを学《まな》べると思《おも》う。

ヒント 02

子《こ》どものころは
「好《す》き」な気《き》持《も》ちを
大切《たいせつ》に。大丈夫《だいじょうぶ》、
ムリしないで、
思《おも》いきり楽《たの》しんで！

イケエ先生《せんせい》からキミへ

個性《こせい》も取《と》りくみかたも人《ひと》それぞれ 子《こ》どものころは「楽《たの》しい」を大切《たいせつ》に

私《わたし》は子《こ》どものころから、体《からだ》を動《うご》かして遊《あそ》ぶことが大好《だいす》きでした。小学生《しょうがくせい》のころの休《やす》み時間《じかん》はかならず校庭《こうてい》で遊《あそ》んでいたし、学校《がっこう》が終《お》わると毎日《まいにち》のように公園《こうえん》に行《い》っていました。

習《なら》いごともたくさんやっていました。お習字《しゅうじ》、ピアノ、そろばん……それから、兄《あに》や姉《あね》の影響《えいきょう》で始《はじ》めた水泳《すいえい》です。泳《およ》ぐことが好《す》きだったというより、スイミングスクールで友《とも》だちに会《あ》うことが楽《たの》しかった。だから「行《い》きたくない」とか「やめたい」と思《おも》ったことはまったくありませんでした。

ずっと遊《あそ》びの延長《えんちょう》だった水泳《すいえい》に対《たい》して〝本気《ほんき》〟になったのは、中学《ちゅうがく》3年生《ねんせい》になってからのことです。それまでは「もっと強《つよ》くなりたい」「もっと速《はや》くなりたい」「いつかオリ

ンピックに出《で》たい」と思《おも》ったことはなくて、むしろコーチからよくおこられているような選手《せんしゅ》でした。

ちなみに、おこられるのは泳《およ》ぎのことではなく、楽《たの》しいからおしゃべりに夢中《むちゅう》になってしまったり、コーチから言《い》われたことが右《みぎ》から左《ひだり》へ抜《ぬ》けてしまったり……（笑《わらい》）。マイペースで、強《つよ》いやる気《き》を感《かん》じられない、そんな子《こ》だったんだと思《おも》います。

つまり、子《こ》どものころの私《わたし》は、とても自由《じゆう》に水泳《すいえい》を楽《たの》しんでいました。

やる気《き》はちょっと足《た》りなかったかもしれないけれど、泳《およ》げば速《はや》い。だから目標《もくひょう》タイムはいつもきびしく設定《せってい》されていました。それをクリアできず「もう1本《ぽん》！」と言《い》われると、気持《きも》ちが入《はい》らなくなってしまって。そんな私《わたし》の性格《せいかく》を知《し》っているから、コーチはそれ以上《いじょう》なにも言《い》わない。

いまになって思《おも》うんです。子《こ》どものころの私《わたし》にとっては、たぶんそれがベストな環境《かんきょう》だったんじゃないかなって。水泳《すいえい》がずっと楽《たの》しかった。友《とも》だちといっしょに泳《およ》ぐことが

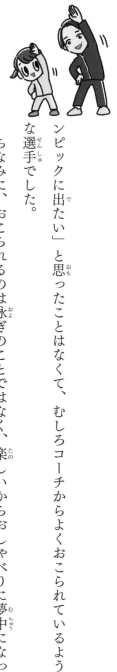

大好《だいす》きだった。だから、ずっと続《つづ》けられた。そう思《おも》います。

みんなにも、それぞれの個性《こせい》があるよね？　コーチにきびしく言《い》われてもがんばれる子《こ》もいるし、私《わたし》みたいにそうじゃない子《こ》もいる。仲《なか》のいい友《とも》だちといっしょのほうが楽《たの》しめる子《こ》もいるし、ひとりでがんばったほうが集中《しゅうちゅう》できる子《こ》もいる。私《わたし》は、私自身《わたしじしん》の経験《けいけん》から、子《こ》どものころは「楽《たの》しい」と感《かん》じる気持《きも》ちを大切《たいせつ》にしてほしいなと思《おも》います。

もしも、本当《ほんとう》は水泳《すいえい》が好《す》きじゃないならムリしてやらなくたっていい。泳《およ》ぎたいときに泳《およ》いで、がんばりたいときにがんばればいい。「楽《たの》しい！」と感《かん》じるときこそ上手《じょうず》になる。私《わたし》はそう思《おも》います。

スポーツをがんばっているみんなは、大好《だいす》きなスポーツを楽《たの》しんでいるかな？　楽《たの》しいと感《かん》じられているなら、きっとどんどん上手《じょうず》になるよ。だから、自分《じぶん》のペースで、ムリしないで、「楽《たの》しい」と思《おも》うことを続《つづ》けてください。

「みんないっしょに」
が最高《さいこう》に楽《たの》しい。
ぼくはそれで
足《あし》が速《はや》くなった。

「自分《じぶん》のために」「だれかのために」両方《りょうほう》の気持《きも》ちをバランスよく

ヤマガタ先生《せんせい》からキミへ

スポーツには、個人《こじん》でやる競技《きょうぎ》と、チームでやる競技《きょうぎ》があるよね。みんなはどっちが好《す》き？　どっちのほうが「楽《たの》しい」「おもしろい」と感《かん》じるかな？

陸上《りくじょう》を始《はじ》めるきっかけをくれたのは、2つ年上《としうえ》の兄《あに》だった。ぼくが小学校《しょうがっこう》3年生《ねんせい》のとき、お兄《にい》ちゃんが市《し》の陸上大会《りくじょうたいかい》で入賞《にゅうしょう》して、賞状《しょうじょう》をもらって帰《かえ》ってきた。それがうらやましくて、ぼくも次《つぎ》の年《とし》に同《おな》じ大会《たいかい》に出《で》た。そこで優勝《ゆうしょう》して、陸上《りくじょう》クラブにさそってもらった。小学生《しょうがくせい》のころはとにかくメダルや賞状《しょうじょう》をもらうことが大好《だいす》きだった。

じつは、野球《やきゅう》チームにも入《はい》っていた。野球《やきゅう》は大好《だいす》きだったし、ショートのポジションで守備《しゅび》にはけっこう自信《じしん》があったんだけど、ただ、そのころは、練習《れんしゅう》やチームスポーツのきびしさが、ちょっとぼくにはつらく感《かん》じていた。

その点《てん》、個人競技《こじんきょうぎ》の陸上《りくじょう》は、すべて自分《じぶん》しだいだ。足《あし》が速《はや》ければ１番《ばん》になれるし、自《じ》分《ぶん》が努力《どりょく》すれば、それがそのまま結果《けっか》につながる。最初《さいしょ》は陸上《りくじょう》と野球《やきゅう》を両立《りょうりつ》しようと思《おも》ったけれど、気《き》づくとどんどん陸上《りくじょう》の魅力《みりょく》にハマっていった。

陸上《りくじょう》を始《はじ》めて、〝みんなでいっしょに〟の楽《たの》しさやおもしろさが、自分《じぶん》にもわかるようになった。たとえば４人《にん》で走《はし》るリレーは、レースへのプレッシャーも、勝《か》ったよろこびも分《わ》け合《あ》えるのが楽《たの》しかった

小学生《しょうがくせい》のとき、全国大会《ぜんこくたいかい》に出場《しゅつじょう》するために１００メートル走《そう》で広島県《ひろしまけん》１位《い》をめざすか、リレーで広島県《ひろしまけん》１位《い》をめざすか、どちらかを選《えら》ばなければならないことがあって、ぼくは迷《まよ》わずリレーを選《えら》んだ。全国大会《ぜんこくたいかい》は東京《とうきょう》で開催《かいさい》されるから、ひとりで行《い》くよりもみんなで行《い》くほうが楽《たの》しいに決《き》まっている。ぼくはみんなでディズニーランドに行《い》きたかったから、ひとりで１番《ばん》になるより、みんなで１番《ばん》になることを選《えら》んだんだ。

中学《ちゅうがく》２年《ねん》になると、「リレーで全国大会《ぜんこくたいかい》に出《で》たい」という目標《もくひょう》ができた。「自分《じぶん》だけが速《はや》くなりたい」より「みんなで目標《もくひょう》を達成《たっせい》してよろこびたい」という気持《きも》ちがどんどん

強《つよ》くなって、〝みんなでいっしょに〟の意識《いしき》を持《も》って練習《れんしゅう》することが楽《たの》しいと感《かん》じるようになって、練習《れんしゅう》をがんばれるようになった。

大人《おとな》になってもこうして陸上《りくじょう》を続《つづ》けている理由《りゆう》は、あのころに気《き》づいた〝みんなでいっしょに〟の魅力《みりょく》にあると思《おも》う。

ぼくが熱中《ねっちゅう》している短距離走《たんきょりそう》は個人競技《こじんきょうぎ》だ。0・01秒《びょう》でも速《はや》く走《はし》りたい。だから自分《じぶん》と向《む》き合《あ》って、きびしい練習《れんしゅう》をこなさなきゃいけない。

だけど、ぼくにはサポートをしてくれる仲間《なかま》がたくさんいる。その人《ひと》たちと「いっしょに戦《たたか》っている」という意識《いしき》があるから、あのころと同《おな》じように走《はし》ることが楽《たの》しい。ぼくは、みんなで目標《もくひょう》を達成《たっせい》して、みんなでよろこびたい。その気持《きも》ちがすごく強《つよ》い。

スポーツには個人《こじん》でやる競技《きょうぎ》とチームでやる競技《きょうぎ》があるけれど、うまくなったり、強《つよ》くなったりするために必要《ひつよう》なことは同《おな》じだとぼくは思《おも》う。

それは「自分《じぶん》のために」と「だれかのために」の気持《きも》ちを両方《りょうほう》持《も》つこと。自分《じぶん》にとってちょうどいいバランスを見《み》つけることが、とても大切《たいせつ》だと思《おも》う。

ヒント 04

「負《ま》けて
泣《な》くほど
練習《れんしゅう》したのか？」
お父《とう》さんに
聞《き》かれて
私《わたし》は変《か》わった。

ウタ先生《せんせい》からキミへ

「覚悟《かくご》」の意味《いみ》を考《かんが》えてみると練習《れんしゅう》に対《たい》する意識《いしき》が変《か》わるよ！

ふたりのお兄《にい》ちゃんの影響《えいきょう》で柔道《じゅうどう》を始《はじ》めたのが5歳《さい》のとき。でも、私《わたし》が柔道《じゅうどう》と真剣《しんけん》に向《む》き合《あ》うようになったのは、小学《しょうがく》6年生《ねんせい》になってからのことでした。

それまではずっと、「どうしてこんなにキツい練習《れんしゅう》ばかりするんだろう?」と思《おも》っていたんです。

先生《せんせい》や両親《りょうしん》が、私《わたし》に対《たい》してすごくきびしかったわけではありません。練習《れんしゅう》を休《やす》みたければ休《やす》ませてもらったし、水泳《すいえい》を習《なら》わせてもらったこともあったし、ひとつひとつの練《れん》習《しゅう》はとてもキツかったけれど、ふたりの兄《あに》に比《くら》べれば私《わたし》はずっと〝自由《じゆう》〟でした。

それでも、県大会《けんたいかい》で優勝《ゆうしょう》したり、練習試合《れんしゅうじあい》で高校生《こうこうせい》と対戦《たいせん》して勝《か》ったり、小学生《しょうがくせい》のころの私《わたし》はまあまあ強《つよ》かったと思《おも》います（笑《わらい》）。

5年生《ねんせい》のとき、兄《あに》の一二三《ひふみ》が全国中学校柔道大会《ぜんこくちゅうがっこうじゅうどうたいかい》で優勝《ゆうしょう》する姿《すがた》を見《み》て、「私《わたし》も日本一《にほんいち》

になりたい！」と思《おも》いました。本当《ほんとう》に少《すこ》しずつ、「私《わたし》ももっと強《つよ》くなりたい」と思《おも》うようになっていったんです。

だから、6年生《ねんせい》のときに出場《しゅつじょう》した全国小学生学年別柔道大会《ぜんこくしょうがくせいがくねんべつじゅうどうたいかい》の初戦《しょせん》で負《ま》けてしまったときは、自分《じぶん》でもびっくりするくらいくやしくて、たくさん泣《な》きました。そんな私《わたし》を見《み》て、お父《とう》さんがこう言《い》ったのです。

「負《ま》けて泣《な》くほど練習《れんしゅう》したのか？」

その言葉《ことば》を聞《き》いて、私《わたし》は思《おも》いました。

「あれ？　そんなに練習《れんしゅう》してないかも……」

それからでした。私《わたし》が〝負《ま》けて泣《な》くほどの練習《れんしゅう》〟を意識《いしき》して、けいこに打《う》ちこむようになったのは。

柔道《じゅうどう》を始《はじ》めるとき、お父《とう》さんに「始《はじ》めるなら覚悟《かくご》を持《も》って最後《さいご》までやりぬきなさい」と言《い》われました。**はっきりとした目標《もくひょう》を持《も》つ。その目標《もくひょう》を達成《たっせい》するためにはどうすればいいかを自分《じぶん》で考《かんが》えて、努力《どりょく》する。最後《さいご》までぜったいにあきらめない。お父《とう》さんが言《い》っ**

た「覚悟《かくご》」という言葉《ことば》には、そういう意味《いみ》がこめられていました。

中学生《ちゅうがくせい》になる直前《ちょくぜん》、まだ少《すこ》しなやんでいた私《わたし》は、人生《じんせい》で一度《いちど》だけ「柔道《じゅうどう》をやめたい」と言《い》ったことがあります。お父《とう》さんは言《い》いました。

「柔道《じゅうどう》を始《はじ》めるときに言《い》ったよな？」

覚悟《かくご》を持《も》って――。すぐにその言葉《ことば》を思《おも》い出《だ》して、また柔道《じゅうどう》と向《む》き合《あ》うことを決《き》めました。

お父《とう》さんには感謝《かんしゃ》の気持《きも》ちでいっぱいです。子《こ》どものころは「柔道《じゅうどう》が楽《たの》しい」という気持《きも》ちを残《のこ》したまま、大事《だいじ》なときにいつも「覚悟《かくご》」という言葉《ことば》の意味《いみ》を考《かんが》えさせてくれました。たたみの上《うえ》ではきびしかったから「いつかぜったいにたおしてやる！」なんて思《おも》っていたのですが、家《いえ》に帰《かえ》ればすごくやさしいお父《とう》さんで、いつも私《わたし》が進《すす》むべき道《みち》をやさしく示《しめ》してくれました。

「負《ま》けて泣《な》くほど練習《れんしゅう》したのか？」

あの言葉《ことば》は、いまも私《わたし》を支《ささ》える大《おお》きな力《ちから》になっています。

ウタの
こぼれ話《ばなし》コラム

「天才《てんさい》」「怪物《かいぶつ》」と呼《よ》ばれるけれど

柔道《じゅうどう》をしてきて、まわりから「天才《てんさい》」「怪物《かいぶつ》」と言《い》ってもらうことがあります。うれしいことですが、じつは自分《じぶん》ではそう思《おも》ったことがありません。もしそんな強《つよ》さがあるのだとしても、自分自身《じぶんじしん》がやることは変《か》わらないからです。怪物《かいぶつ》と言《い》われるほどの強《つよ》さも、自分《じぶん》が追《お》い求《もと》める強《つよ》さも、ちゃんと練習《れんしゅう》をしないと身《み》につかないものなので、まわりの声《こえ》は気《き》にしません。

調子《ちょうし》にのったり、いわゆる「天狗《てんぐ》になった」時期《じき》もあまりなかったように感《かん》じます。しいて言《い》うなら、高校《こうこう》1年生《ねんせい》のとき。中学《ちゅうがく》3年《ねん》ではじめて日本一《にほんいち》になり、「高校《こうこう》でも普通《ふつう》に練習《れんしゅう》していればいいところまでいけるかな」と思《おも》っていた矢先《やさき》、私《わたし》はある大会《たいかい》で1回戦負《かいせんま》けをしてしまいました。しかも、実力《じつりょく》の問題《もんだい》ではなく、自分《じぶん》でもなぜ取《と》られたのかわからない「反則負《はんそくま》け」。いまでもくやしいあの経験《けいけん》から、考《かんが》えたことがあります。

「私《わたし》、ちょっと鼻《はな》が伸《の》びていなかったかな？」

どんな大会《たいかい》、試合《しあい》でも、つねに120％の自分自身《じぶんじしん》をつくりあげて、真剣《しんけん》に取《と》りくまないとダメだ。そういうところの甘《あま》さが出《で》たのかもしれない……。それに気《き》づいてからは、「天狗《てんぐ》」にならないよう、勝《か》った試合《しあい》は過去《かこ》のものと切《き》り捨《す》て、自分《じぶん》の修正点《しゅうせいてん》だけを残《のこ》して、勝《か》ったよろこびや、そこで手《て》に入《い》れた立場《たちば》や名声《めいせい》などはぜんぶ置《お》いていくようにしています。

第《だい》2章《しょう》

努力《どりょく》して成長《せいちょう》するためのヒント

ヒント 05

中学時代《ちゅうがくじだい》、はじめて「スイッチ」が入《はい》ったあのとき、目標《もくひょう》を持《も》つことの意味《いみ》を知《し》った。

イケエ先生《せんせい》からキミへ

はっきりとした目標《もくひょう》を持《も》てると競技《きょうぎ》に対《たい》する「意識《いしき》」が変《か》わるよ！

子《こ》どものころから「好《す》き」なだけで泳《およ》いでいた私《わたし》が、ついに〝本気《ほんき》〟になったときのことを話《はな》します。

中学《ちゅうがく》1年生《ねんせい》のときに50メートルと１００メートルの自由形《じゆうがた》で、短水路中学記録《たんすいろちゅうがくきろく》を更新《こうしん》して、中学《ちゅうがく》2年生《ねんせい》のときにはじめて海外遠征《かいがいえんせい》につれていってもらって、中学《ちゅうがく》3年《ねん》のときにはじめて世界水泳《せかいすいえい》の日本代表《にほんだいひょう》に選《えら》ばれました。

たしか、あのとき、１００メートル・バタフライは日本《にほん》ランキング1位《い》か2位《い》だったと思《おも》います。むかえた世界選手権《せかいせんしゅけん》の代表選手《だいひょうせんしゅ》を決《き》める日本選手権《にほんせんしゅけん》。自分《じぶん》でも自信《じしん》があったから、もっとも得意《とくい》な１００メートル・バタフライの予選《よせん》で余裕《よゆう》を持《も》ちすぎてしまって……結果《けっか》は20位《い》。まさかの予選落《よせんお》ちでした。その結果《けっか》、１００メートル・バタフライ

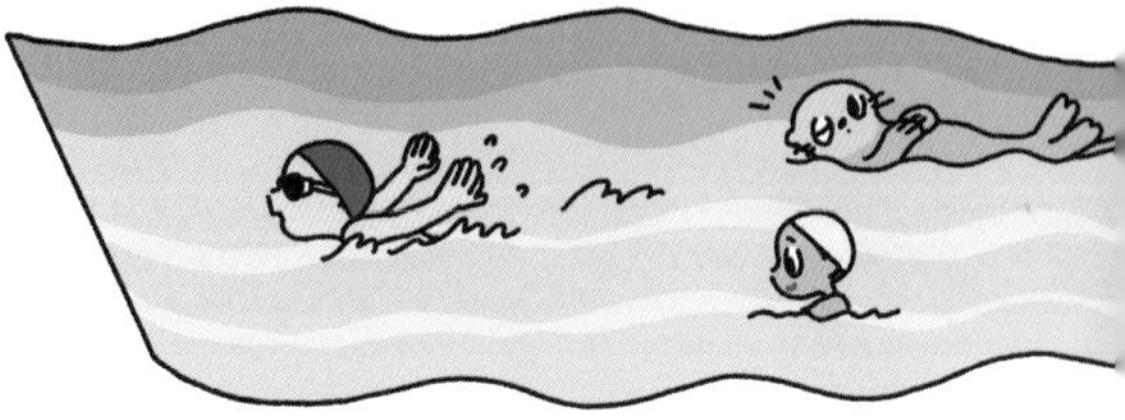

では代表権《だいひょうけん》を得《え》ることができませんでした。

あのくやしさがあって、その年《とし》にリレーと50メートル・バタフライで出場《しゅつじょう》した世界選《せかいせん》手権《しゅけん》での経験《けいけん》があって、すぐ次《つぎ》の年《とし》にひかえていたリオデジャネイロオリンピックに「出場《しゅつじょう》できるかもしれない」と感《かん》じました。

あのとき、私《わたし》は自分《じぶん》のなかに燃《も》える気持《きも》ちがあるのがわかりました。一気《いっき》に火《ひ》がついたんです。

いまでもはっきりと覚《おぼ》えています。リオデジャネイロオリンピックの6カ月前《げつまえ》。グアムでの合宿《がっしゅく》で、コーチから「6カ月後《げつご》に代表選手《だいひょうせんしゅ》の選考会《せんこうかい》がせまってきた」と言《い》われたときに、心《こころ》がドキドキして、「ぜったいに出場《しゅつじょう》したい！」と心《こころ》から思《おも》う自分《じぶん》の気持《きも》ちに気《き》づきました。オリンピックという舞台《ぶたい》に対《たい》して、そんなに強《つよ》く「出場《しゅつじょう》したい」と思《おも》ったことはありませんでした。あのドキドキは、たぶんずっと忘《わす》れません。

その日《ひ》をさかいに、練習《れんしゅう》に対《たい》する姿勢《しせい》が変《か》わりました。泳《およ》ぐことが大好《だいす》きだから練習《れんしゅう》

も好《す》きだったけれど、はっきりとした目標《もくひょう》ができたことで、自分《じぶん》でもわかるくらいに目《め》の色《いろ》が変《か》わりました。「まずは日本一《にほんいち》になりたい」。本気《ほんき》でそう思《おも》いました。

そのころから、成績《せいせき》も変《か》わっていきました。

いろいろな種目《しゅもく》で日本記録《にほんきろく》を出《だ》したり、日本《にほん》ランキングで1位《い》になる種目《しゅもく》が増《ふ》えていったり。**食生活《しょくせいかつ》だったり、トレーニング方法《ほうほう》を変《か》えてみたりしたわけじゃありません。変《か》わったのは、練習《れんしゅう》の内容《ないよう》ではなく、私自身《わたしじしん》の〝意識《いしき》〟だけ。オリンピック出場《しゅつじょう》をめざすうえでライバルとなる先輩《せんぱい》たちを意識《いしき》するわけでもなく、とにかく自分《じぶん》のことだけを見《み》つめて、「少《すこ》しでも速《はや》く泳《およ》ぐこと」をはじめて本気《ほんき》で考《かんが》えました。**

私《わたし》はあのとき、はっきりとした夢《ゆめ》や目標《もくひょう》が、自分《じぶん》の意識《いしき》を大《おお》きく変《か》えてくれることを知《し》りました。それによって〝本気《ほんき》〟になれれば、見《み》えてくる世界《せかい》が変《か》わってくる。

スポーツではよく「自分《じぶん》に矢印《やじるし》を向《む》ける」といいます。

みんなの矢印《やじるし》は、みんな自身《じしん》に向《む》けられているかな？　はっきりとした目標《もくひょう》を持《も》っているなら、ぜひいちど、自分《じぶん》に問《と》いかけてみてください。

06

大切《たいせつ》なのは
目《め》の前《まえ》の一歩《いっぽ》。
そのための
正《ただ》しい努力《どりょく》が
できているかな？

ヤマガタ先生《せんせい》からキミへ

ただ練習《れんしゅう》をがんばるだけじゃなく正《ただ》しい努力《どりょく》ができているか考《かんが》える

ぼくは、陸上《りくじょう》をやめようと思《おも》ったことはいちどもない。

ケガをして「つらい」と思《おも》ったり、練習《れんしゅう》が「しんどい」と思《おも》ったりしたことはもちろんある。それでも「やめたい」と思《おも》わなかったのは、正《ただ》しい努力《どりょく》をすれば、それがちゃんと結果《けっか》になって表《あらわ》れることを知《し》っていたからだ。つらいこと、しんどいことがあっても、自分《じぶん》ががんばれば、また「楽《たの》しい」と思《おも》える。それが陸上《りくじょう》の魅力《みりょく》だと思《おも》う。

逆《ぎゃく》に、陸上《りくじょう》の難《むずか》しさは、結果《けっか》に結《むす》びつけるための「正《ただ》しい努力《どりょく》」を見《み》つけることにあると思《おも》う。

努力《どりょく》には〝正《ただ》しさ〟が必要《ひつよう》だ。ただ一生懸命《いっしょうけんめい》に練習《れんしゅう》すればいい、というものじゃないから、そこがすごく難《むずか》しい。

少《すこ》しでも速《はや》く走《はし》るためにはどうすればいいか。自分《じぶん》で考《かんが》えて、いろいろな仮説《かせつ》を立《た》てて、試行錯誤《しこうさくご》をくりかえす。もちろん簡単《かんたん》じゃないけれど、うまくハマれば、自分《じぶん》でもびっくりするくらいの成長《せいちょう》を感《かん》じることができる。そういう陸上《りくじょう》の特徴《とくちょう》が、好奇心《こうきしん》おうせいで〝研究好《けんきゅうず》き〟なぼくの性格《せいかく》にぴったりだった。

だから、ケガをしてもあまり落《お》ちこまなかった。いや、少《すこ》しは落《お》ちこむんだけど、「どうしてケガをしてしまったんだろう？」と考《かんが》えることで、自分《じぶん》がもっと大《おお》きく成長《せいちょう》できると思《おも》えたからだ。ケガをした原因《げんいん》とちゃんと向《む》き合《あ》い、乗《の》りこえて次《つぎ》へ進《すす》むことができれば、また自己《じこ》ベストの記録《きろく》を出《だ》せるかもしれない。そうやって前向《まえむ》きに考《かんが》えることができるのが、たぶん、ぼくのいいところだ。

もともと探究心《たんきゅうしん》やこだわりが強《つよ》いほうだった。だから、もっと速《はや》く走《はし》るために、もっといい走《はし》りをするためにどうすればいいかをずっと考《かんが》えてきた。チャレンジと失敗《しっぱい》をくりかえしながら、小《ちい》さな成功《せいこう》を積《つ》み重《かさ》ねて少《すこ》しずつ自信《じしん》をつけてきた。そういう経験《けいけん》の

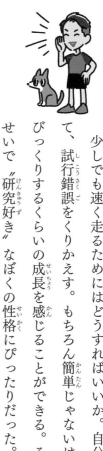

なかで、少《すこ》しずつ、自分《じぶん》にとって〝正《ただ》しい努力《どりょく》〟のしかたを見《み》つけようとする〝くせ〟をつけてきたんだと思《おも》う。

スポーツをやっていると、「うまくなりたかったら努力《どりょく》しろ」とよく言《い》われる。でも、それってすごく難《むずか》しいよね。努力《どりょく》しているのになかなか上達《じょうたつ》しなかったら、どうすればいいんだろう？

そんなときは、自分《じぶん》が〝正《ただ》しい努力《どりょく》〟をできているか考《かんが》えてみてほしい。正《ただ》しい努力《どりょく》をするためには、自分《じぶん》を知《し》ることが大切《たいせつ》。そのためにはたくさんのチャレンジと失敗《しっぱい》をくりかえさなきゃいけない。そうすると、少《すこ》しずつ自分《じぶん》のことがわかってくるんだよね。

ぼくは子《こ》どものころから、ほめられるのが好《す》きだった。ほめられるとやる気《き》になる（笑《わらい》）。それだって〝自分《じぶん》を知《し》ること〟のひとつ。きっと、正《ただ》しい努力《どりょく》をするためのヒントになるよ。あせらず、ゆっくり、一歩《いっぽ》ずつ成長《せいちょう》する。そのための〝正《ただ》しい努力《どりょく》〟をするための方法《ほうほう》を、ぜひみんなも考《かんが》えてみて！

ヒント 07

キツい練習《れんしゅう》は 大《だい》きらい。 でも始《はじ》めれば いつか終《お》わるから 私《わたし》は今日《きょう》も 練習《れんしゅう》をする。

ウタ先生《せんせい》からキミへ

すべての練習《れんしゅう》は試合《しあい》につながる
いつかそれがわかる日《ひ》がくる！

どんなに大好《だいす》きなスポーツだって、練習《れんしゅう》するのがつらくなったり、思《おも》うように上達《じょうたつ》しなくてイヤになったりすることだってありますよね。

もちろん、私《わたし》もそう。柔道《じゅうどう》がイヤになったり、きらいになったりしたことはほとんどないけれど、「今日《きょう》は練習《れんしゅう》を休《やす》みたいな」と思《おも》ったことはたくさんあります。毎日《まいにち》のように朝《あさ》から走《はし》るのがイヤで、とくに陸上選手《りくじょうせんしゅ》みたいに走《はし》るトレーニングばっかりするのがイヤでイヤで、朝《あさ》、目《め》がさめるととにかく憂《ゆう》うつで……。

「練習《れんしゅう》に行《い》きたくない！」「走《はし》りたくない！」「休《やす》みたい！」

そう思《おも》ったことは何度《なんど》だってあるから、みんなの気持《きも》ちもよくわかります。

大人《おとな》になったいまはそんなこともなくなったけれど、中学生《ちゅうがくせい》になっても、高校生《こうこうせい》になっても、毎日《まいにち》、毎朝《まいあさ》、ベッドの中《なか》で弱《よわ》い自分《じぶん》と戦《たたか》っていました。

先生《せんせい》に電話《でんわ》しようかな……。「今日《きょう》はどうしても練習《れんしゅう》に行《い》けません」って連絡《れんらく》しようかな……。でも、自分《じぶん》に負《ま》けたくないし、もっと強《つよ》くなりたいし……。それに、そもそも先生《せんせい》に電話《でんわ》するのがこわい……。そんな思《おも》いが、頭《あたま》のなかをぐるぐる回《まわ》るんです。

ただ、私《わたし》は、心《こころ》のなかでいつもそうさけびながらも、結局《けっきょく》はほとんど休《やす》むことなく、練習《れんしゅう》に行《い》っていました。

どうしてその気持《きも》ちをがまんすることができたかというと、とにかく強《つよ》くなりたかったから。「走《はし》らないと勝《か》てない」と思《おも》っていたし、自分《じぶん》で決《き》めた目標《もくひょう》をクリアできないと思《おも》っていたから、その思《おも》いだけで、いつも練習《れんしゅう》に行《い》っていました。

それから、いつからか練習《れんしゅう》のすべてを試合《しあい》とつなげて考《かんが》えるようにしました。朝早《あさはや》くから陸上部《りくじょうぶ》みたいに走《はし》る練習《れんしゅう》は、相手《あいて》と競《せ》り合《あ》った試合《しあい》、勝《か》つか負《ま》けるかわからない一進一退《いっしんいったい》の状況《じょうきょう》をイメージするようにしました。私《わたし》はものすごく負《ま》けずぎらいだから、「ぜったいに負《ま》けたくない」という気持《きも》ちで最後《さいご》まで走《はし》りきるんです。その気持《きも》

ちで最後《さいご》まで走《はし》りきったあの感覚《かんかく》、「やりきったー！」とさけびたくなるあの感覚《かんかく》がすごく好《す》きで、それが待《ま》っていることをがんばった自分《じぶん》へのごほうびにしました。

どんなにイヤな練習《れんしゅう》でも、始《はじ》まってしまえばいつかはかならず終《お》わります。だから、私《わたし》は、始《はじ》まった瞬間《しゅんかん》から〝終《お》わった瞬間《しゅんかん》〟のよろこびを想像《そうぞう》して、前向《まえむ》きにがんばりたい。それでもキツいときもあるけれど……強《つよ》くなるために必要《ひつよう》なことと考《かんが》えて、まるで陸上選手《りくじょうせんしゅ》のようにたくさん走《はし》りました。

どんな練習《れんしゅう》でも、すべて柔道《じゅうどう》につながっていると私《わたし》は思《おも》います。子《こ》どものころはそれがよくわかっていなかったから、自分《じぶん》のなかにある「イヤ」という感情《かんじょう》だけで、練習《れんしゅう》に対《たい》して前向《まえむ》きな気持《きも》ちをつくれない日《ひ》もたくさんありました。

「すべてがつながっている」という感覚《かんかく》は、もしかしたら、みんなはまだわからないかもしれません。でも、きっといつか気《き》づくときがくると思《おも》うから、どんなにイヤな練習《れんしゅう》でも「始《はじ》めればいつか終《お》わる」という気持《きも》ちで、できるだけ前向《まえむ》きに取《と》りくんでみてください。

2番《ばん》はイヤだ、
1番《ばん》がいい！
だからぜったいに
「準備《じゅんび》」の
手《て》は抜《ぬ》かない。

ヒフミ先生《せんせい》からキミへ

あれだけやったんだから大丈夫《だいじょうぶ》
そう思《おも》えたら、キミの勝《か》ち！

ぼくは〝1番《ばん》〟が好《す》きだ。子《こ》どものころからずっとそう。柔道《じゅうどう》はもちろん、ゲームも、勉強《べんきょう》も、できるならぜんぶ、1番《ばん》になりたい。

2番《ばん》がイヤな理由《りゆう》は、いくらでもある。

メダルの色《いろ》がちがう。「最後《さいご》に負《ま》けた」のがイヤ。みんなが注目《ちゅうもく》する決勝戦《けっしょうせん》で負《ま》けるなんてイヤ。だから、銀《ぎん》メダルはぜんぜんうれしくない。

高校《こうこう》1年《ねん》のとき、17歳《さい》以下《いか》の世界一《せかいいち》を決《き》める世界《せかい》カデ柔道選手権《じゅうどうせんしゅけん》に出場《しゅつじょう》して、決勝戦《けっしょうせん》で負《ま》けた。それだけじゃない。高校《こうこう》2年《ねん》のときに出場《しゅつじょう》した世界《せかい》ジュニア柔道選手権《じゅうどうせんしゅけん》でも、決勝戦《けっしょうせん》で負《ま》けた。しかも、ずっとリードしていたのに最後《さいご》の最後《さいご》に2回《かい》も投《な》げられて、逆転負《ぎゃくてんま》けをくらった。めちゃくちゃくやしかったし、傷《きず》ついた。あのときの気持《きも》ち

は、ずっと忘《わす》れられない。

あの経験《けいけん》から学《まな》んだことは、1番《ばん》になるためには「準備《じゅんび》がすべて」ということだ。

子《こ》どものころから「遊《あそ》びたい」より「強《つよ》くなりたい」という気持《きも》ちが強《つよ》かった。だから、お父《とう》さんといっしょに公園《こうえん》で走《はし》って、階段《かいだん》を何度《なんど》も上《のぼ》り下《お》りして、重《おも》たいボールを使《つか》った体幹《たいかん》トレーニングや、チューブを使《つか》った筋力《きんりょく》トレーニングをずっと続《つづ》けた。

道場《どうじょう》では、いつも自分《じぶん》より強《つよ》い人《ひと》、自分《じぶん》より大《おお》きい人《ひと》といっしょに練習《れんしゅう》するようにした。「対戦《たいせん》したくないな」と思《おも》う選手《せんしゅ》がいても、その気持《きも》ちをぐっとおさえて、反対《はんたい》に「この選手《せんしゅ》と対戦《たいせん》すれば強《つよ》くなれる」と信《しん》じて練習《れんしゅう》にのぞんだ。

子《こ》どものころは〝目標《もくひょう》から逆算《ぎゃくさん》する〟ような考《かんが》えかたはできなかったけれど、「1日《にち》1日《にち》を大切《たいせつ》に」という気持《きも》ちだけは持《も》ち続《つづ》けていた。そうしてじっくりとつくりあげてきた自信《じしん》が、いまの自分《じぶん》を強《つよ》くしてくれているのだと思《おも》う。

ぼくはよく「メンタルが強《つよ》い」と言《い》われるけれど、メンタルの強《つよ》さを支《ささ》えているのも、

練習《れんしゅう》によってつくりあげられた「自信《じしん》」だ。

本番《ほんばん》に強《つよ》い。大舞台《おおぶたい》に強《つよ》い。決勝戦《けっしょうせん》に強《つよ》い。それらはきっと、高校生《こうこうせい》のころ、世界大《せかいたい》会《かい》の決勝戦《けっしょうせん》で2度《ど》も負《ま》けたことで、〝準備《じゅんび》〟に対《たい》する意識《いしき》が大《おお》きく変《か》わったからにちがいない。本番《ほんばん》から逆算《ぎゃくさん》して、1日《にち》1日《にち》のトレーニングを積《つ》み重《かさ》ねる。それが自信《じしん》になり、本番《ほんばん》でビビらない自分《じぶん》をつくる。

「あれだけやったんだから、ぜったいに大丈夫《だいじょうぶ》！」

そう思《おも》えたら、ぼくの勝《か》ちだ。

強《つよ》い人《ひと》ほど努力《どりょく》している。練習《れんしゅう》をサボって強《つよ》くなれる人《ひと》なんてぜったいにいないし、最後《さいご》に勝《か》つのは準備《じゅんび》の手《て》を抜《ぬ》かなかった人《ひと》だとぼくは思《おも》う。明確《めいかく》な目標《もくひょう》があって、それまでに残《のこ》された時間《じかん》を変《か》えることはできない。だから、ぜったいに1日《にち》1日《にち》をムダにしちゃいけない。

ぼくは2番《ばん》がきらいだ。1番《ばん》になりたい。だから、ぜったいに準備《じゅんび》の手《て》を抜《ぬ》かない。

ヒフミの
こぼれ話《ばなし》コラム

成長《せいちょう》に結果《けっか》がついてきて、自信《じしん》になる

小学生《しょうがくせい》のころは、まだ体《からだ》もあまり大《おお》きくなかったから、なかなか結果《けっか》が出《で》なかった。けれど、中学《ちゅうがく》に入《はい》ってから、成長期《せいちょうき》もうまく重《かさ》なったのか、ぼくはどんどん強《つよ》くなっていった気《き》がする。練習量《れんしゅうりょう》も増《ふ》えたし、高校《こうこう》の練習《れんしゅう》に参加《さんか》させてもらっていたから練習《れんしゅう》の質《しつ》も一段上《いちだんあ》がって、中学《ちゅうがく》2年《ねん》くらいからはすごく成《せい》長《ちょう》している実感《じっかん》があった。

そして、中学《ちゅうがく》2年《ねん》のときに、全国中学校柔道大会《ぜんこくちゅうがっこうじゅうどうたいかい》の男子個人《だんしこじん》55kg級《きゅう》で優勝《ゆうしょう》することができた。肩書《かたがき》というものは、もちろんそれがすべてではないのだけれど、自分《じぶん》の成長《せいちょう》を感《かん》じていたタイミングで「全国大会優勝《ぜんこくたいかいゆうしょう》」という結果《けっか》がついてきたことは、気持《きも》ち的《てき》にやっぱりとても大《おお》きくて、自信《じしん》になった。

そうして自分《じぶん》が「強《つよ》い」と感《かん》じられるようになって、中学校《ちゅうがっこう》を卒業《そつぎょう》してからは、柔道家《じゅうどうか》として、それほど大《おお》きな“カベ”や“ざせつ”を感《かん》じたことはなかったかもしれない。強《つよ》さにあぐらをかいて、調子《ちょうし》に乗《の》ることもなかった。お父さんも、先生《せんせい》もきびしかったし、年上《としうえ》の高校生《こうこうせい》と練習《れんしゅう》していたから“投《な》げられる”ことも多《おお》くて日日《ひび》くやしい思《おも》いをしていたから、「天狗《てんぐ》」になんてまったくなれなかったんだ（笑《わらい》）。いまになって思《おも》えば、それが逆《ぎゃく》によかったのかもしれないね。

第《だい》3章《しょう》

緊張《きんちょう》やプレッシャーにうちかつためのヒント

09 ヒント

緊張《きんちょう》は「慣《な》れ」でコントロールしてみよう。その力《ちから》は、負《ま》けを知《し》るほど大《おお》きくなる！

ヤマガタ先生《せんせい》からキミへ

何度《なんど》もチャレンジして経験《けいけん》を積《つ》む
自分《じぶん》のことがわかってくるよ！

みんなは緊張《きんちょう》する人《ひと》？　それとも、しない人《ひと》？

緊張《きんちょう》ってイヤだよね。ドキドキして、いつもどおりの力《ちから》を発揮《はっき》するのがすごく難《むずか》しい。でも、緊張《きんちょう》って、人《ひと》それぞれの性格《せいかく》だからしかたがないと思《おも》うんだ。緊張《きんちょう》する人《ひと》はする。しない人《ひと》はしない。だから「緊張《きんちょう》とどう向《む》き合《あ》うか」も人《ひと》それぞれだと思《おも》う。

ぼくは緊張《きんちょう》する人《ひと》だ。

どうしても勝《か》ちたい、負《ま》けるのがこわい、そう感《かん》じるときにすごく緊張《きんちょう》する。逆《ぎゃく》に、勝敗《しょうはい》にこだわっていないとき、「負《ま》けるだろうな」と思《おも》っているときはあまり緊張《きんちょう》しない。長《なが》く陸上《りくじょう》をやってきて、いろいろな経験《けいけん》を積《つ》み重《かさ》ねてきて、自分《じぶん》のそういう性格《せいかく》が少《すこ》しずつわかってきた。それで、あるとき「あれ？」と気《き》がついた。

「もしかして、〝負《ま》け〟に慣《な》れれば緊張《きんちょう》しなくなる？」

ぼくがやっている陸上《りくじょう》は、1位《い》になれなければぜんぶ〝負《ま》け〟だ。だから、たくさん負《ま》ける。何度《なんど》も負《ま》けると、負《ま》けることに慣《な》れてくる。負《ま》けるのはイヤだ。もちろんとてもくやしい。だけど、少《すこ》しずつ考《かんが》えかたが変《か》わってくる。

「今日《きょう》も負《ま》けてしまうかもしれない。でも、いまのベストを出《だ》せるようにがんばろう」

そう思《おも》えたら、自然《しぜん》と力《ちから》が抜《ぬ》けて、リラックスできるからふしぎだ。となりにいる選《せん》手《しゅ》の顔《かお》を見《み》ると、ぼくよりずっと緊張《きんちょう》していることに気《き》づいたりもする。心《こころ》のドキドキがおさまっていって、落《お》ち着《つ》いた心《こころ》で力《ちから》を発揮《はっき》できるようになる。

「そっか！」

ぼくは気《き》づいた。大《おお》きな舞台《ぶたい》で、ぜったいに勝《か》ちたい試合《しあい》で緊張《きんちょう》したくないなら、それまでに何度《なんど》もチャレンジして、緊張《きんちょう》して、負《ま》けをたくさん経験《けいけん》すればいいんだ。

そのためには、本番《ほんばん》をイメージして練習《れんしゅう》することが大切《たいせつ》だ。試合《しあい》の様子《ようす》を撮影《さつえい》して、勝《か》ったレースだけじゃなく、負《ま》けたレースを何度《なんど》も見《み》かえすこともいい。何度《なんど》も、何度《なんど》もくりかえし見《み》ていると、「いいときと悪《わる》いときのちがい」や「失敗《しっぱい》するときのパターン」に気《き》づいたりする。そうやって自分《じぶん》のことがわかってくると、心《こころ》を落《お》ち着《つ》けて試合《しあい》にのぞめるようになる。

だけど、どんなに準備《じゅんび》したって、緊張《きんちょう》する人《ひと》は緊張《きんちょう》するよね。ぼくだって、いまだに緊張《きんちょう》する。大事《だいじ》な試合《しあい》で力《ちから》が入《はい》りすぎてしまったり、転《ころ》びそうになったり、フライングがこわくてドキドキが止《と》まらなかったり……。でも、ひどいレースをしてしまった数《すう》カ月後《げつご》に100メートル走《そう》の日本新記録《にほんしんきろく》を出《だ》すことができたり……もう、よくわからない(笑《わらい》)。

緊張《きんちょう》はその人《ひと》の性格《せいかく》。だからコントロールするのは難《むずか》しい。それくらいの軽《かる》い気持《きも》ちで向《む》き合《あ》って、いつか、緊張《きんちょう》と友《とも》だちになれる日《ひ》がきたらいいよね。

ヒント 10

気持《きも》ちが
乗《の》らないときは
目標《もくひょう》を小《ちい》さく。
ひとつずつクリア
すればまた大《おお》きく
ふくらむよ！

ウタ先生《せんせい》からキミへ

つかれたら、あせらずゆっくり かならず気《き》持《も》ちはもどってくる！

私《わたし》は柔道《じゅうどう》が大好《だいす》きです。強《つよ》くなるための練習《れんしゅう》ならいくらでもできると思《おも》っていたし、大会《たいかい》で優勝《ゆうしょう》して「もういいや」なんて思《おも》ったことがありません……と、よくみんなには話《はな》しているんだけど、ごめんなさい、じつは一度《いちど》だけ、ありました。

「もういいや」と思《おも》ったわけではないけれど、心《こころ》から「柔道《じゅうどう》をやりたい」と思《おも》えなくなってしまった時期《じき》が、私《わたし》にもあったんです。

みんなは「燃《も》えつき症候群《しょうこうぐん》」という言葉《ことば》を知《し》っていますか？

２０２１年《ねん》、東京《とうきょう》２０２０オリンピックに出場《しゅつじょう》した私《わたし》は、女子《じょし》52キロ級《きゅう》でずっと目標《もくひょう》にしていた金《きん》メダルを取《と》ることができました。

兄《あに》の一二三《ひふみ》も男子《だんし》66キロ級《きゅう》で優勝《ゆうしょう》することができて、兄妹《きょうだい》そろって金《きん》メダルを獲得《かくとく》で

きたことが、本当《ほんとう》にうれしかった。柔道《じゅうどう》を始《はじ》めたころからずっと思《おも》いえがいてきた夢《ゆめ》を実現《じつげん》することができて、幸《しあわ》せな気持《きも》ちでいっぱいでした。

でも、オリンピックが終《お》わると、それまでずっと持《も》ち続《つづ》けてきた向上心《こうじょうしん》が、心《こころ》のなかであまり大《おお》きくふくらまないことに気《き》づきました。

なにをするにも「これくらいでいいか」と思《おも》ってしまったり、柔道《じゅうどう》に対《たい》して燃《も》えあがるような熱《あつ》い気持《きも》ちがわいてこなかったり。1年後《ねんご》にせまっていた世界選手権《せかいせんしゅけん》に対《たい》してもワクワクする気持《きも》ちになれず、〝次《つぎ》のオリンピック〟を想像《そうぞう》しても、どこかうわのそら。とにかく、気持《きも》ちが乗《の》らなかったんです。

いまになって思《おも》えば、それは、大《おお》きなことをやりとげたあとに〝次《つぎ》〟への気力《きりょく》を失《うしな》ってしまう燃《も》えつき症候群《しょうこうぐん》のようなものだったのかもしれません。柔道《じゅうどう》を大好《だいす》きな気持《きも》ちや向上心《こうじょうしん》がとぎれたことがなかった私《わたし》にとって、それは初《はじ》めての経験《けいけん》でした。

結局《けっきょく》、ちょうどその時期《じき》に両肩《りょうかた》の手術《しゅじゅつ》を受《う》けることになり、8カ月《げつ》くらいの間《あいだ》、柔道《じゅうどう》からはなれることになりました。

私《わたし》にとっては、結果的《けっかてき》にそれがよかったのかもしれません。中途半端《ちゅうとはんぱ》な気持《きも》ちでたたみに上《あ》がるのではなく、いったん体《からだ》も心《こころ》も休《やす》めて、しっかりと充電《じゅうでん》したことで、少《すこ》しずつ「やりたい」という気持《きも》ちがもどってくるのがわかりました。

もちろん、復帰《ふっき》したばかりのころからすぐにエンジン全開《ぜんかい》で「強《つよ》くなりたい！」と思《おも》えたわけじゃありません。**初歩的《しょほてき》なトレーニングしかできない自分《じぶん》、オリンピック前《まえ》と比《くら》べてほとんどなにもできない自分《じぶん》を、まずは受《う》け入《い》れて楽《たの》しもうという気持《きも》ちからスタートしました。そうやって小《ちい》さな「できた」をひとつずつ重《かさ》ねていくと、少《すこ》しずつ、柔道《じゅうどう》に対《たい》する気持《きも》ちがまたふくらんでいきました。**

柔道《じゅうどう》が好《す》きで、楽《たの》しくてたまらなかった私《わたし》みたいな人《ひと》にもあるんだから、だれにだって〝気持《きも》ちが乗《の》らないとき〟はあるはずです。毎日《まいにち》ハードな練習《れんしゅう》をしていれば、「やりたくない」と思《おも》う日《ひ》だってあるよね。そんなときは、目標《もくひょう》をうんと小《ちい》さくしてみてください。本当《ほんとう》に小《ちい》さな「できた」を重《かさ》ねながら前《まえ》に進《すす》めば、きっとまた、そのスポーツが大好《だいす》きな自分《じぶん》が少《すこ》しずつもどってくるはず。あせらないで、ゆっくりね！

ヒント 11

プレッシャーに勝《か》つのも負《ま》けるのも自分《じぶん》。見《み》つめるべきは相手《あいて》より自分《じぶん》。

ヒフミ先生《せんせい》からキミへ

プレッシャーはなくならない あたりまえのものと受《う》け止《と》める

プレッシャーとの向《む》き合《あ》いかたが、高校《こうこう》3年生《ねんせい》のときに大《おお》きく変《か》わった。

きっかけは、オリンピック3連覇《れんぱ》をなしとげた柔道家《じゅうどうか》で、ぼくが子《こ》どものころからあこがれていた先輩《せんぱい》の野村忠宏《のむらただひろ》さんにもらったアドバイスだった。

高校《こうこう》2年《ねん》のときに国際大会《こくさいたいかい》で優勝《ゆうしょう》したことで、ぼくは急《きゅう》に注目《ちゅうもく》されるようになった。それまではプレッシャーなんて感《かん》じたことがなかったけれど、高校《こうこう》3年《ねん》になると、まわりから期待《きたい》されていることが自分《じぶん》でもよくわかった。プレッシャーを感《かん》じるようになって、どんな試合《しあい》でも「負《ま》けられない」「勝《か》たなきゃいけない」と思《おも》うようになったし、気《き》づいたときには自分《じぶん》の柔道《じゅうどう》ができなくなってしまい、そのことになやんでいた。

そんなときに、野村《のむら》さんから言葉《ことば》をかけてもらった。

「プレッシャーはぜったいになくならない。かならず存在《そんざい》するもの。だから、それをしっかりと受《う》け止《と》めて、試合《しあい》にのぞまなければいけないよ」

その言葉《ことば》を聞《き》いて、ぼくはプレッシャーを〝受《う》け入《い》れる〟ことを覚《おぼ》えた。プレッシャーを〝受《う》けない〟ようにするんじゃなく、受《う》け止《と》めたまま、たたみに上《あ》がる感覚《かんかく》だ。

スポーツと本気《ほんき》で向《む》き合《あ》うなら、やっぱり結果《けっか》がすべてだと思《おも》う。勝負《しょうぶ》の世界《せかい》では勝《か》たなければ意味《いみ》がない。どろくさいやりかたでも、勝《か》つことに集中《しゅうちゅう》するべきだ。もしも内容《ないよう》が悪《わる》かったなら、勝《か》ったあとでそれを修正《しゅうせい》すればいい。試合《しあい》が始《はじ》まったら、内容《ないよう》ではなく結果《けっか》を追《お》い求《もと》めるべきだと、ぼくは思《おも》う。

でも、「勝《か》ちたい」と強《つよ》く思《おも》えば思《おも》うほど、プレッシャーを感《かん》じてしまうし、「負《ま》けたくない」「負《ま》けたらどうしよう」と感《かん》じてしまう。だれだって自分《じぶん》を応援《おうえん》してくれる人《ひと》たちの期待《きたい》にこたえたいと思《おも》うし、練習《れんしゅう》をがんばってきたなら、なおさら「勝《か》ちたい」という気持《きも》ちが強《つよ》くなるにちがいない。

でも、それはすごく自然《しぜん》なことだ。野村《のむら》さんの言《い》うとおり、その試合《しあい》に勝《か》ちたいと思《おも》

えば、プレッシャーを感《かん》じるのはあたりまえのこと。だからこそ、大切《たいせつ》なのはそれを感《かん》じないように逃《に》げるのではなく、受《う》け止《と》めて、プレッシャーをかかえながら試合《しあい》にのぞむこと。それが〝あたりまえ〟のことだと思《おも》えば、プレッシャーなんてこわくない。ぼくはそう思《おも》えるようになった。

スポーツは相手《あいて》との戦《たたか》いじゃない。いつだって自分《じぶん》との戦《たたか》いだ。プレッシャーも同《おな》じ。それは自分自身《じぶんじしん》との戦《たたか》いだからこそ、真正面《ましょうめん》から受《う》け止《と》めて、その勝負《しょうぶ》に勝《か》ってほしい。

この勝負《しょうぶ》に勝《か》つのって、すごく難《むずか》しいよね。だれだって勝《か》ちたい。だれだって自分《じぶん》の力《ちから》を発揮《はっき》したい。その思《おも》いはプレッシャーではなく、自分自身《じぶんじしん》の〝力《ちから》〟だから、おそれず、自分《じぶん》を信《しん》じて戦《たたか》ってほしい。

自分《じぶん》に勝《か》つのも、自分《じぶん》に負《ま》けるのも、結局《けっきょく》はいつも自分《じぶん》なんだ。

ヒント 12

勝《か》ちたいから
緊張《きんちょう》する。
みんなと同《おな》じで、
私《わたし》も勝《か》ちたいから
めちゃくちゃ
緊張《きんちょう》するよ！

イケエ先生《せんせい》からキミへ

緊張《きんちょう》は「なくす」のではなく適度《てきど》な緊張《きんちょう》にコントロールしよう

「レースで負《ま》けると思《おも》ったことがない！」
「ライバルがいると思《おも》ったことがない！」
「ねらった目標《もくひょう》はぜったいにクリアする！」

自分《じぶん》でもびっくりするくらい強気《つよき》な性格《せいかく》の私《わたし》ですが、レースでは、いつも緊張《きんちょう》します。心臓《しんぞう》がバクバク鳴《な》っています。

だって、勝《か》ちたいんだもん。ぜったいに負《ま》けたくないんだもん。スポーツに対《たい》して真《しん》剣《けん》なら、だれだって同《おな》じだよね。みんなと同《おな》じ。緊張《きんちょう》、私《わたし》もするよ！

いつからだったか、「緊張《きんちょう》をなくしたい」という自分《じぶん》の気持《きも》ちをあきらめることにしました。

少《すこ》しでも速《はや》く泳《およ》いで、レースに勝《か》ちたいと思《おも》っているから、緊張《きんちょう》する。そして、その気持《きも》ちがなければ、目標《もくひょう》を達成《たっせい》することはたぶんできません。

みんなにも経験《けいけん》があると思《おも》う。緊張《きんちょう》しすぎると、学校《がっこう》の授業《じゅぎょう》で発表《はっぴょう》するために暗記《あんき》した言葉《ことば》をすっかり忘《わす》れてしまったり、いつもとちがうことをやってパニックになってしまったりするよね。

でも、それは、自分《じぶん》が本気《ほんき》で取《と》りくんできたことの証《あかし》だと思《おも》う。たった50メートル、たった１００メートルを試合《しあい》で泳《およ》ぐためだけに、何十時間《なんじゅうじかん》、何百《なんびゃく》時間《じかん》もの練習《れんしゅう》を積《つ》み重《かさ》ねてきたんだから。

どんなにていねいに、長《なが》く準備《じゅんび》をしても、結果《けっか》が出《で》るのはほんの一瞬《いっしゅん》のこと。スポーツって、すごくざんこくだと思《おも》う。その苦《くる》しさにたえられなくて「努力《どりょく》することの意味《いみ》ってなに？」と思《おも》ったことは、私《わたし》にだってある。うん、何度《なんど》も。

私《わたし》たちにできるのは、緊張《きんちょう》をなくすことじゃなく、緊張《きんちょう》をコントロールすること。ドキドキしすぎて、パニックになってしまうような過緊張《かきんちょう》の状態《じょうたい》じゃなく、〝適度《てきど》な緊張《きんちょう》〟の状態《じょうたい》をつくることだと思《おも》います。

自分《じぶん》の心《こころ》のなかをコントロールして、過緊張《かきんちょう》を〝適度《てきど》な緊張《きんちょう》〟に変《か》えられたら、試合《しあい》にのぞむ選手《せんしゅ》のメンタリティーとしてはそれが一番《いちばん》いい。

大丈夫《だいじょうぶ》。がんばっていれば、ちゃんと〝次《つぎ》〟があるよ。

緊張《きんちょう》に負《ま》けないで、緊張《きんちょう》をコントロールする力《ちから》をみがいてほしい。いくら失敗《しっぱい》しても、何度《なんど》でもチャレンジ。私《わたし》にもできたんだから、きっとみんなも、心《こころ》のなかにある緊張《きんちょう》をうまくコントロールできるようになると思《おも》います。

イケエの
こぼれ話《ばなし》コラム

忘《わす》れられないふしぎな記憶《きおく》

あれは、なんだったんだろう？　妄想《もうそう》みたいなものだったのかな？　これまでにあまり話《はな》したことのない、子《こ》ども時代《じだい》のちょっとふしぎな体験《たいけん》について、お話《はな》ししたいと思《おも》います。

小学生《しょうがくせい》のころ、私《わたし》は自転車《じてんしゃ》でスイミングクラブに通《かよ》っていました。毎回《まいかい》、ある道《みち》を通《とお》りかかるときに、いつもちょっとふしぎなイメージが、パッと頭《あたま》のなかにうかぶんです。言葉《ことば》で表現《ひょうげん》するのが難《むずか》しいのだけれど、自転車《じてんしゃ》で走《はし》る私《わたし》のまわりを、たくさんのテレビカメラやカメラマン、記者《きしゃ》の人《ひと》たちが囲《かこ》んでいる……そういうことが起《お》こる感覚《かんかく》が、同《おな》じ場所《ばしょ》でいつも、頭《あたま》のなかにわきあがるんです。当時《とうじ》はそうなりたい、と願《ねが》っていたわけではないのだけれど、あたりまえのように勝手《かって》にうかんでくるものだから、小学生《しょうがくせい》なりに「自分《じぶん》は将来《しょうらい》、こうなるのかな」って、思《おも》っていました。

実際《じっさい》にいま、試合会場《しあいかいじょう》などで取材《しゅざい》を受《う》けるときは、自分《じぶん》が想像《そうぞう》していた何十倍《なんじゅうばい》ものカメラや記者《きしゃ》さんたちに囲《かこ》まれているのだから、本当《ほんとう》にふしぎなものです。パッとうかんだイメージが現実《げんじつ》になったりすることが、あるものなのかもしれません。

第《だい》4章《しょう》

高《たか》いカベを乗《の》りこえるためのヒント

ヒント 13

大《おお》きな目標《もくひょう》から
逆算《ぎゃくさん》して
いまやるべきこと
を考《かんが》える。
それが成長《せいちょう》の
近道《ちかみち》。

ウタ先生《せんせい》からキミへ

がんばることだけじゃなくて
がんばりかたを知《し》ることが大切《たいせつ》

スポーツをがんばっているみんなは、自分《じぶん》の夢《ゆめ》や目標《もくひょう》を実現《じつげん》するためにどんな〝がんばりかた〟をしていますか？

〝がんばりかた〟って、考《かんが》えたことがあるかな？　がんばることはとても大切《たいせつ》だけど、ただガムシャラにがんばるだけじゃダメってことも、小学生《しょうがくせい》や中学生《ちゅうがくせい》くらいのみんなにはなんとなくわかるよね。

じつは、子《こ》どものころの私《わたし》はほとんどなにも考《かんが》えていませんでした。でも、大人《おとな》になったいまは〝正《ただ》しいがんばりかた〟を見《み》つけられました。夢《ゆめ》や目標《もくひょう》を実現《じつげん》するために必要《ひつよう》なのは〝逆算《ぎゃくさん》すること〟。そのことをみんなに話《はな》したいと思《おも》います。

私《わたし》の目標《もくひょう》は、子《こ》どものころからずっと「オリンピックで優勝《ゆうしょう》すること」でした。

勉強《べんきょう》が人《ひと》よりできるわけじゃない。ダンスがうまいわけでも、絵《え》を上手《じょうず》に描《か》けるわけでもなかった私《わたし》は、「自分《じぶん》には柔道《じゅうどう》しかない」と思《おも》っていたんです。しかも、ものすごく負《ま》けずぎらいだから１番《ばん》になりたかった。だから、「オリンピックで優勝《ゆうしょう》すること」だけを目標《もくひょう》にしていました。

高校《こうこう》１年《ねん》のとき、ドイツで行《おこな》われたグランプリ・デュッセルドルフという大会《たいかい》で優勝《ゆうしょう》しました。レベルの高《たか》いシニアの国際大会《こくさいたいかい》だったから、出場《しゅつじょう》するだけでもこわかった。先生《せんせい》には「１回《かい》だけでも勝《か》ちます！」と言《い》って、たたみに上《あ》がりました。

それなのに、ぜんぶ勝《か》って、優勝《ゆうしょう》して……だから、こう思《おも》いました。

「私《わたし》って、もっとできるかもしれない！」

ずっと遠《とお》い目標《もくひょう》のように感《かん》じていた「オリンピックで優勝《ゆうしょう》すること」が、すぐ近《ちか》くにあるような気《き》がしてきました。

私《わたし》は、目標《もくひょう》をより具体的《ぐたいてき》な「東京《とうきょう》２０２０オリンピックで優勝《ゆうしょう》すること」に変《か》えました。柔道家《じゅうどうか》としての自分《じぶん》にとって、それはものすごく大《おお》きなターニングポイントでした。

オリンピックに出場《しゅつじょう》して優勝《ゆうしょう》するためには、〝それまでにやらなきゃいけないこと〟がはっきりしていました。どの大会《たいかい》に出場《しゅつじょう》して、どんな成績《せいせき》を残《のこ》さなければ日本代表《にほんだいひょう》としての出場権《しゅつじょうけん》を得《え》られないから、そのためには……という道《みち》すじが明確《めいかく》になって、そのときから、強《つよ》くなることに対《たい》する考《かん》えかたが変《か》わりました。

逆算《ぎゃくさん》することには、こわさもあります。「ここで負《ま》けたら終《お》わり」という条件《じょうけん》ははっきりするから、ものすごいプレッシャーと向《む》き合《あ》わなければいけません。でも、それをひとつずつ乗《の》りこえていくことで、どんどん強《つよ》くなれるし、ひとりの人間《にんげん》としても成長《せいちょう》できる。東京《とうきょう》２０２０オリンピックの金《きん》メダルをめざす道《みち》のりで、私《わたし》はそのことを強《つよ》く感《かん》じていました。

夢《ゆめ》や目標《もくひょう》から逆算《ぎゃくさん》して考《かんが》えることができれば、毎日《まいにち》の練習《れんしゅう》でやらなければならないことが見《み》えてきます。それってつまり、〝がんばりかた〟がわかっているということだよね。がんばることはとても大切《たいせつ》。でも、〝がんばりかた〟を知《し》ることはもっと大切《たいせつ》。私《わたし》はいつも、それを意識《いしき》しながら練習《れんしゅう》にはげんでいます。

ヒント 14

勝《か》っても
負《ま》けても
変《か》わらない。
それが
本当《ほんとう》の強《つよ》さ。

ヒフミ先生《せんせい》からキミへ

たとえ結果《けっか》が出《で》なくても
自信《じしん》は持《も》ち続《つづ》けていい

自信《じしん》を持《も》つことは、とても大切《たいせつ》だ。どんなに好《す》きなことでも、自信《じしん》がないと続《つづ》けられないし、自信《じしん》があるからこそ楽《たの》しめる。だから、たとえ結果《けっか》が出《で》なくても、自信《じしん》はずっと持《も》ち続《つづ》けていい。ぼくはそう思《おも》う。

ぼくにも、1年《ねん》くらい思《おも》うように勝《か》てない時期《じき》があった。そんなときでも「自分《じぶん》が一《いち》番強《ばんつよ》い」と信《しん》じ続《つづ》けることはやめなかった。

理由《りゆう》はふたつある。

ひとつは、本気《ほんき》で「自分《じぶん》が一番強《いちばんつよ》い」と思《おも》っているから。もうひとつは、そう思《おも》うことで、自分《じぶん》のなかに残《のこ》っている〝不安《ふあん》な気持《きも》ち〟を打《う》ち消《け》してしまいたいからだ。

相手《あいて》と戦《たたか》ううえで、不安《ふあん》な気持《きも》ち、後《うし》ろ向《む》きな気持《きも》ちを持《も》っていても、いいことはな

にもない。そんな気持《きも》ちを自分《じぶん》のなかから完全《かんぜん》に消《け》してしまいたいから、「自分《じぶん》は一番《いちばん》強《つよ》い」と言《い》い聞《き》かせている。

それでも、もしも負《ま》けてしまったらどうすればいいだろう？

優勝《ゆうしょう》を決《き》める決勝戦《けっしょうせん》で負《ま》けてしまったら、みんなはどう思《おも》うだろうか。それまでやってきたことが「ムダになった」と思《おも》ってしまう子《こ》もいるかもしれない。

負《ま》けるってことは、それくらいくやしくて、つらいこと。すべてが終《お》わってしまったような、そんな気持《きも》ちになってしまうことだってある。もちろん、ぼくにもある。だから、その気持《きも》ちはよくわかる。

ぼくは、たとえ試合《しあい》で負《ま》けても、それまでに努力《どりょく》したことはけっしてムダにならないと思《おも》っている。

努力《どりょく》は自分《じぶん》の心《こころ》とカラダにかならず残《のこ》る。ぜったいにプラスになる。だから、努力《どりょく》してきた自分《じぶん》のことを忘《わす》れないでほしい。期待《きたい》どおりの結果《けっか》が出《で》なかったとしても、「努《ど》力《りょく》してきた自分《じぶん》はまちがっていない」と信《しん》じてほしい。

ぼくは、勝《か》つことも、負《ま》けることも経験《けいけん》してきた。

どんな試合《しあい》にも「自分《じぶん》が一番強《いちばんつよ》い」と信《しん》じてのぞんでいるし、負《ま》けたからといってその自信《じしん》が消《き》えてなくなることはない。逆《ぎゃく》に、勝《か》ったからといって「柔道《じゅうどう》をきわめた」なんてぜったいに思《おも》わない。勝《か》ったときこそ「もっとこうすればよかった」と思《おも》うことのほうが多《おお》いし、だからこそ、うかれた気分《きぶん》になんてならない。むしろ、勝《か》ったときこそ「こんなもんじゃない」と気《き》を引《ひ》きしめる。

みんなに伝《つた》えたいのは、スポーツと真剣《しんけん》に向《む》き合《あ》うなら〝勝《か》ち負《ま》け〟にふりまわされちゃダメだということ。勝《か》ったからといって終《お》わりじゃない。負《ま》けたからといって終《お》わりじゃない。

そのことに気《き》づいてから、ぼくは、目《め》の前《まえ》の1試合《しあい》に全力《ぜんりょく》をぶつけることだけを考《かんが》えている。勝《か》っても負《ま》けても、自分自身《じぶんじしん》がやるべきことは変《か》わらない。それが、ぼくの強《つよ》さだと思《おも》う。

15 ヒント

私《わたし》は「負《ま》ける」と
思《おも》ったことがなかった。
でも、「欲《よく》」を
持《も》っていなかったから
負《ま》けた。

イケエ先生《せんせい》からキミへ

目標《もくひょう》は「欲《よく》」を持《も》って決《き》めていい それだけで大《おお》きな力《ちから》がわいてくる！

正直《しょうじき》に言《い》うと、高校生《こうこうせい》のころ、日本《にほん》にはライバルがいないと思《おも》っていました。

小《ちい》さなころから戦《たたか》ってきたのはずっと〝タイム〟で、だから、小学生《しょうがくせい》のころも、中学《ちゅうがく》生《せい》のころも、〝ライバル〟として意識《いしき》した選手《せんしゅ》はいません。

まわりの人《ひと》から「ライバルだね」と言《い》われる選手《せんしゅ》もいたし、実際《じっさい》に、その選手《せんしゅ》はとても速《はや》い選手《せんしゅ》でした。中学記録《ちゅうがくきろく》をおたがいにぬりかえていたし、私《わたし》が新《あたら》しい記録《きろく》を出《だ》したら、今度《こんど》は彼女《かのじょ》が私《わたし》より速《はや》いタイムで泳《およ》ぐ。そんな競争《きょうそう》を、ふたりでずっとくりかえしていました。

もちろん「負《ま》けたくない」という気持《きも》ちはありました。でも、私《わたし》の感覚《かんかく》は〝ライバル〟とはちょっとちがう。

いまになってふりかえると、ただ泳《およ》ぐことが好《す》きだったから、そもそも自分《じぶん》のなかに

「ライバル」という考《かんが》えかたがなかったんだと思《おも》います。はずかしいくらいに強気《つよき》だけど、どんな相手《あいて》でも、「いつかぜったいに勝《か》てる」と思《おも》っていたんです。ものすごい自信家《じしんか》ですよね（笑《わらい》）。

そんな感《かん》じだったから、泳《およ》ぐこと、レースに出場《しゅつじょう》すること、そこで出《で》る結果《けっか》に対《たい》して「こわい」と思《おも》ったことがいちどもありません。

この試合《しあい》で結果《けっか》を出《だ》す。そう決《き》めたら、かならずその結果《けっか》を出《だ》してきました。なまいきに聞《き》こえるかもしれないけれど、「この試合《しあい》で日本記録《にほんきろく》を出《だ》す」と決《き》めたら、まちがいなくその言葉《ことば》どおりの結果《けっか》を残《のこ》してきました。

高校《こうこう》1年生《ねんせい》でむかえたリオデジャネイロオリンピック。私《わたし》ははじめて、目標《もくひょう》を下《さ》げました。

決勝《けっしょう》レースに残《のこ》ること――。

100メートル・バタフライ。私《わたし》は予選《よせん》でも準決勝《じゅんけっしょう》でも日本記録《にほんきろく》を出《だ》して、決勝《けっしょう》に駒《こま》を進《すす》めました。

そう、目標《もくひょう》をクリアしてしまったのです。

決勝《けっしょう》でも日本記録《にほんきろく》を更新《こうしん》しました。でも、5位《い》でした。メダルを手《て》にすることはできませんでした。

もちろん、それもふくめて私《わたし》の実力《じつりょく》だったことはまちがいありません。でも、もしもあのとき、結果《けっか》に対《たい》してもっと本気《ほんき》になっていたら……。その思《おも》いは消《き》えません。

そのくやしさがあったからこそ、いまの私《わたし》があると思《おも》います。高《たか》すぎる目標設定《もくひょうせってい》がいつもプラスにはたらくとはかぎりません。でも、本気《ほんき》で「勝《か》てる」と思《おも》わなきゃ、やっぱり勝《か》てないんですよね。

みなさんは〝本気《ほんき》〟になっていますか？　欲《よく》を持《も》っていますか？　自分《じぶん》に合《あ》った目標《もくひょう》設定《せってい》は、それだけで大《おお》きな力《ちから》になると、私《わたし》は思《おも》います。

ヒント16

目《め》の前《まえ》に
大《おお》きなカベが
あったら、
ぼくはまず
「カベの材質《ざいしつ》」
を調《しら》べてみる。

ヤマガタ先生《せんせい》からキミへ

なにを言《い》われても自分《じぶん》は自分《じぶん》 自分《じぶん》らしいやりかたで挑戦《ちょうせん》！

もしも目《め》の前《まえ》に大《おお》きなカベがあったら……。そうだなあ……。ぼくだったら、まずはカベの材質《ざいしつ》を調《しら》べると思《おも》う。そのカベを乗《の》りこえるためには、そのカベがなにでできているのかを知《し》ることが大切《たいせつ》だと思《おも》うから。土《つち》なのか、コンクリートなのか、もしかしたら木《き》でできているかもしれないよね。材質《ざいしつ》がなにかによって、乗《の》りこえるための方法《ほうほう》も変《か》わってくる。だから、まずは材質《ざいしつ》を調《しら》べる。

次《つぎ》にやることは、〝仮説《かせつ》〟を立《た》てることだ。

材質《ざいしつ》はこれ。ということは、これをこうして、あれをああして……というぐあいに、「こうやったら成功《せいこう》するんじゃないか」と思《おも》う方法《ほうほう》を考《かんが》えてみる。

自分《じぶん》のなかで答《こた》えを見《み》つけたら、あとはチャレンジするのみ。もしも失敗《しっぱい》したら、別《べつ》の仮説《かせつ》を立《た》てて、またチャレンジする。そうやってカベと向《む》き合《あ》いながら、何度《なんど》でも挑《ちょう》

戦《せん》するのが、ぼくのやりかただ。

どうやらぼくは、人《ひと》よりもちょっとだけ〝細《こま》かい〟らしい。「繊細《せんさい》」と言《い》われることもあるし、「神経質《しんけいしつ》」と言《い》われることもある。

たとえば、メールを送《おく》ると、「ものすごくていねいな文章《ぶんしょう》を返《かえ》してくれてありがとう」と言《い》われたりする。ぼくにとっては普通《ふつう》のことだ。「ていねいに書《か》こう」という意識《いしき》もとくにない。だからちょっとびっくりする。「カベの材質《ざいしつ》を調《しら》べる」という答《こた》えも、人《ひと》から見《み》れば「神経質《しんけいしつ》」だと思《おも》う人《ひと》もいるのだろうと思《おも》う。

きっと、みんなもそういう経験《けいけん》があるんじゃないかな？

自分《じぶん》が思《おも》っている自分《じぶん》と、人《ひと》が思《おも》っている自分《じぶん》。それがちがう。自分《じぶん》では「普通《ふつう》」に思《おも》っていることを、人《ひと》から「ヘンだ」と言《い》われたら、どう思《おも》う？

ぼくは気《き》にならない。ぼくはぼく。人《ひと》とはちがうからだ。

こう見《み》えて、決断《けつだん》は早《はや》い。練習《れんしゅう》メニューでなやむことはほとんどない。どんなメニューでもやりかたしだいで意味《いみ》を持《も》たせられると考《かんが》えているからだ。スポーツをやっていると、決断《けつだん》をせまられる場面《ばめん》がたくさんあるけれど、自分《じぶん》のカンを信《しん》じてパッと決《き》められる。

自分《じぶん》を強《つよ》くするのは自分《じぶん》。〝だれか〟や環境《かんきょう》に強《つよ》くしてもらうんじゃない。そう思《おも》っているから、なにがあっても人《ひと》のせいにすることなく次《つぎ》のチャレンジを続《つづ》けたい。

もちろん、弱《よわ》いところだってある。情《なさ》けないところだってある。でも、それがぼくだ。そういう人間《にんげん》だ。

ぼくはぼく。ぼくを強《つよ》くするのはぼく自身《じしん》だから、〝自分《じぶん》が思《おも》う自分《じぶん》〟を信《しん》じて、これからもカベに向《む》かっていくと思《おも》う。

ぼくはまず、カベの材質《ざいしつ》を調《しら》べる。

みんなはどうする？

自分《じぶん》らしいやりかたを見《み》つけて、いつだって自信《じしん》と勇気《ゆうき》を持《も》って、目《め》の前《まえ》にある大《おお》きなカベに向《む》かっていきたいよね！

17

ヒント

仲間《なかま》を信頼《しんらい》して
感謝《かんしゃ》して
私《わたし》は私《わたし》らしく
どんどん
つき進《すす》む。

ウタ先生《せんせい》からキミへ

自分《じぶん》らしさをつらぬいてのびのびとでも、まわりへの感謝《かんしゃ》は忘《わす》れずに！

スポーツでも、勉強《べんきょう》でも、自分《じぶん》のことを自分《じぶん》でよく知《し》る〝自己分析《じこぶんせき》〟が大事《だいじ》ってよく言《い》いますよね。なにが得意《とくい》で、なにが苦手《にがて》か。どんな性格《せいかく》で、どんなことが向《む》いているのか。みんなも考《かんが》えたことがあるかな？　自己分析《じこぶんせき》、ちゃんとできていますか？

私《わたし》の強《つよ》みはふたつあります。まずは、ひとつのことに集中《しゅうちゅう》できること。それから「強《つよ》くなりたい」と本気《ほんき》で思《おも》える向上心《こうじょうしん》を持《も》っていること。どんなに強《つよ》い人《ひと》に勝《か》ったとしても「もっと強《つよ》くなりたい」と思《おも》えるし、大会《たいかい》で優勝《ゆうしょう》したからって「もういいや」と満足《まんぞく》したことはありません。強《つよ》くなるために集中《しゅうちゅう》して、つき進《すす》める。それがアスリートとしての私《わたし》の強《つよ》みです。

もちろん、弱《よわ》みもあります。いつも自分《じぶん》のことばかり考《かんが》えてしまって、まわりにうまく合《あ》わせられないところ。「自己中心的《じこちゅうしんてき》」という意味《いみ》で「ジコチュー」なんて言《い》いかた

をすることもあるけれど、たぶん、私《わたし》、それです（笑《わらい》）。

高校《こうこう》3年《ねん》のとき、すでにシニアの世界選手権《せかいせんしゅけん》に出場《しゅつじょう》していた私《わたし》は、同《おな》じ高校生《こうこうせい》が出場《しゅつじょう》する〝普通《ふつう》の大会《たいかい》〟にまったく出場《しゅつじょう》できていませんでした。でも、柔道部《じゅうどうぶ》のみんなのことは大好《だいす》きだったし、メッセージアプリのグループに送《おく》られてくる楽《たの》しそうな写真《しゃしん》を見《み》るたびに「私《わたし》もみんなといっしょに大会《たいかい》に出《で》たい！」と思《おも》っていました。だから、ある日《ひ》、泣《な》きながら先生《せんせい》に言《い》いました。

「私《わたし》もインターハイ（高校総体《こうこうそうたい》）の団体戦《だんたいせん》に出場《しゅつじょう》させてください！　そうじゃないと世界選手権《せかいせんしゅけん》には出《で》られません！」

先生《せんせい》にも、両親《りょうしん》にも、もしかしたら柔道部《じゅうどうぶ》のみんなにも迷惑《めいわく》をかけてしまったかもしれません。でも、どうしてもみんなといっしょに大会《たいかい》に出場《しゅつじょう》したかった。大好《だいす》きなみんなと同《おな》じチームで戦《たたか》いたかった。だから、このときだけは〝ジコチュー〟をつらぬきました。

柔道家《じゅうどうか》として「もっと強《つよ》くなりたい」と思《おも》う自分《じぶん》を実現《じつげん》するためには、〝ジコチュー〟であることも必要《ひつよう》だと私《わたし》は思《おも》います。自分《じぶん》のそんな性格《せいかく》をがまんしようと思《おも》ったことはありません。私《わたし》は私《わたし》らしく、のびのびと柔道《じゅうどう》に向《む》き合《あ》うことが、もっと強《つよ》くなるための近道《ちかみち》だと考《かんが》えているからです。

もちろん、自分《じぶん》ひとりの力《ちから》だけで強《つよ》くなれるわけじゃありません。自分《じぶん》を支《ささ》えてくれるいろんな人《ひと》に助《たす》けてもらっているからこそ自分《じぶん》らしさをつらぬける。そのことを忘《わす》れたことはありません。

長《なが》く練習《れんしゅう》パートナーをつとめてくれている人《ひと》に言《い》われたことがあります。

「詩《うた》はそのままでいいよ！　それでこそ詩《うた》だから！」

私《わたし》のまわりには、そう言《い》って力《ちから》をかしてくれる仲間《なかま》がたくさんいます。

「ひとりで」じゃなく「みんなで」。本気《ほんき》でそう思《おも》えるようになってから、柔道《じゅうどう》が大好《だいす》きで、とにかく強《つよ》くなりたくて、でも〝ジコチュー〟な私《わたし》は、もっと強《つよ》くなれた気《き》がします。

ヒント 18

最後《さいご》の最後《さいご》は
技術《ぎじゅつ》より気持《きも》ち。
ぼくは結果《けっか》だけを
求《もと》めてライバルに
いどみ続《つづ》けた。

ヒフミ先生《せんせい》からキミへ

めんどくさいこともすぐにやる
小《ちい》さな積《つ》み重《かさ》ねで、強《つよ》くなれる

みんなには「ライバル」と呼《よ》べる対戦相手《たいせんあいて》やチームメイトはいるかな？

ぼくにはいる。同《おな》じ66キロ級《きゅう》で、4歳年上《さいとしうえ》の丸山城志郎選手《まるやまじょうしろうせんしゅ》だ。

高校《こうこう》3年《ねん》の講道館杯全日本柔道体重別選手権《こうどうかんはいぜんにほんじゅうどうたいじゅうべつせんしゅけん》で初《はじ》めて対戦《たいせん》してから、ずっとぼくのライバルであり、「ぜったいに負《ま》けたくない存在《そんざい》」だ。その思《おも》いはいまも変《か》わらない。


本気《ほんき》でスポーツに取《と》りくむなら、ライバルの存在《そんざい》はとても大切《たいせつ》だと思《おも》う。

ぜったいに勝《か》ちたい、ぜったいに負《ま》けたくないと思《おも》う相手《あいて》がいると、練習《れんしゅう》にも真剣《しんけん》に取《と》りくめるし、自分自身《じぶんじしん》が成長《せいちょう》するために必要《ひつよう》なことを考《かんが》えるようになる。

もちろん、ライバルとの対戦《たいせん》が「こわい」と思《おも》うことだってあった。２０２０年《ねん》12月《がつ》。翌年《よくねん》にせまっていた東京《とうきょう》２０２０オリンピックの出場権《しゅつじょうけん》をかけた丸山選手《まるやませんしゅ》との直接《ちょくせつ》

対決《たいけつ》。たくさんの人《ひと》に注目《ちゅうもく》してもらえた試合《しあい》だったし、ぼくにとっても忘《わす》れられない試《し》合《あい》のひとつだ。あのときも、自分《じぶん》のなかには「こわい」という気持《きも》ちがあった。いつも「ぜったいに自分《じぶん》のほうが強《つよ》い」と信《しん》じているぼくでさえも、心《こころ》のどこかに「負《ま》けたらどうしよう」という気持《きも》ちがあったんだと思《おも》う。

丸山選手《まるやませんしゅ》との戦《たたか》いのなかでみがかれたのは「ぜったいに負《ま》けない」という強《つよ》い気持《きも》ちだ。ライバルに勝《か》つために必要《ひつよう》なのは技術《ぎじゅつ》だけじゃない。レベルが上《あ》がるほど、勝負《しょうぶ》の世界《せかい》で勝《か》つために必要《ひつよう》なのは〝気持《きも》ち〟の強《つよ》さになるからだ。

じゃあ、気持《きも》ちの強《つよ》さを手《て》に入《い》れるためにはどうすればいいんだろう？

丸山選手《まるやませんしゅ》に勝《か》つために、ぼくは自分自身《じぶんじしん》ときびしく向《む》き合《あ》った。練習《れんしゅう》ではぜったいに**妥協《だきょう》しない。10回《かい》の練習《れんしゅう》が終《お》わったら「もう1回《かい》やろう」という気持《きも》ちをつくる。「めんどくさいな」と思《おも》うことでも、すぐにやる。ゴミ捨《す》てや皿洗《さらあら》いみたいな家事《かじ》だっていい。どんなに小《ちい》さなことでも「自分《じぶん》にきびしく」を心《こころ》がけて、それをひとつずつクリアしながら、「また少《すこ》しだけ強《つよ》くなれた」と言《い》い聞《き》かせるようにした。**

「これだけやってきたんだから、ぜったいに勝《か》てる」

心《こころ》からそう思《おも》えるように、いつもきびしさをもって自分《じぶん》と向《む》き合《あ》っている。

丸山選手《まるやませんしゅ》との代表決定戦《だいひょうけっていせん》に勝《か》つことができて、ぼくは2021年《ねん》の東京《とうきょう》2020オリンピックに出場《しゅつじょう》し、金《きん》メダルを取《と》ることができた。

あの戦《たたか》いを乗《の》りこえたいまのぼくには、ライバルに対《たい》する「こわさ」はない。それは、勝《か》つためにたくさんの努力《どりょく》をして、「ぜったいに負《ま》けない」という強《つよ》い自信《じしん》を得《え》られたからだと思《おも》う。スポーツはそのくりかえしだ。いまより強《つよ》い自分《じぶん》になるために、いままでよりもきびしく自分《じぶん》と向《む》き合《あ》って、より強《つよ》い気持《きも》ちを手《て》に入《い》れる。それを正面《しょうめん》から相《あい》手《て》にぶつけて、自分《じぶん》の力《ちから》をためす。

スポーツが大好《だいす》きなみんなも、「負《ま》けるかもしれない」「こわい」と感《かん》じる試合《しあい》を経験《けいけん》したことがあるかもしれない。でも、それは「ぜったいに負《ま》けたくない」「もっと強《つよ》くなりたい」という自分《じぶん》の気持《きも》ちをいまよりもっと大《おお》きくするチャンスだ。だから、自分《じぶん》自身《じしん》と向《む》き合《あ》って、勝負《しょうぶ》の世界《せかい》でなにより大切《たいせつ》な〝気持《きも》ち〟を育《そだ》ててほしい。

ヒント 19

力《ちから》が入《はい》らないとき、苦《くる》しいときは、「楽《たの》しい」と感《かん》じる原点《げんてん》を探《さが》して環境《かんきょう》を変《か》えてみる。

イケエ先生《せんせい》からキミへ

環境《かんきょう》を変《か》えて、原点《げんてん》に立《た》ちかえる
苦《くる》しいときはそれがきっかけになる

２０１９年《ねん》、私《わたし》は白血病《はっけつびょう》という病気《びょうき》にかかってしまいました。高校《こうこう》３年生《ねんせい》でした。

「生《い》きていることが奇跡《きせき》」。そう言《い》える闘病生活《とうびょうせいかつ》は退院《たいいん》しても続《つづ》き、競技《きょうぎ》に復帰《ふっき》するまでには長《なが》い時間《じかん》を必要《ひつよう》としました。

レースに出場《しゅつじょう》したのは２０２０年《ねん》８月《がつ》。応援《おうえん》してくれたみなさんのおかげで、５９４日《にち》ぶりに、私《わたし》はレースにのぞむことができました。

リハビリ生活《せいかつ》は過酷《かこく》でした。それでも、くやしさをバネにして一生懸命《いっしょうけんめい》に練習《れんしゅう》にはげみました。すごく順調《じゅんちょう》でした。復帰後《ふっきご》、１年《ねん》たらずで東京《とうきょう》２０２０オリンピックへの出場《しゅつじょう》が決《き》まり、思《おも》うような結果《けっか》を出《だ》すことはできなかったけれど、もういちど泳《およ》ぐことが

できている、ということにいつも感謝《かんしゃ》していました。

気持《きも》ちに変化《へんか》が生《う》まれたのは2022年《ねん》の終《お》わりくらいのことです。イメージどおりの泳《およ》ぎができない自分《じぶん》に対《たい》して、私《わたし》はイライラしていました。自分《じぶん》のダメなところはどこなのか。こんなに必死《ひっし》に練習《れんしゅう》しているのに、どうして勝《か》てないのか。自分《じぶん》のことを否定《ひてい》して、もうメダルは取《と》れない、もう日本代表《にほんだいひょう》にはなれないと、自分《じぶん》で自分《じぶん》の評価《ひょうか》を下《さ》げようとしてしまう毎日《まいにち》が続《つづ》きました。レースに勝《か》っても、その思《おも》いが消《き》えることはありませんでした。

私《わたし》は思《おも》いました。たぶん、もうダメだ――。水泳《すいえい》を続《つづ》けるなら、思《おも》いきって環境《かんきょう》を変《か》えるしかない。

2023年《ねん》秋《あき》。私《わたし》は活動《かつどう》の拠点《きょてん》をオーストラリアに移《うつ》しました。

あれから約《やく》1年《ねん》、いまはまた、水泳《すいえい》に対《たい》して、自分自身《じぶんじしん》に対《たい》して前向《まえむ》きな自分《じぶん》を取《と》りもどしています。

私《わたし》を変《か》えてくれたのは、オーストラリアでいっしょに練習《れんしゅう》しているチームの仲間《なかま》たちやコーチ、いろいろな人《ひと》の雰囲気《ふんいき》や声《こえ》かけでした。レベルの高《たか》い環境《かんきょう》だから、弱音《よわね》をはいて落《お》ちこんでいるわけにはいきません。私《わたし》の心《こころ》の奥底《おくそこ》にねむっていたそんな気持《きも》ちを、オーストラリアの環境《かんきょう》はもういちどよびさましてくれました。

スポーツに真剣《しんけん》に取《と》りくんでいれば、結果《けっか》が出《で》なかったり、またはちがう理由《りゆう》で自分《じぶん》自身《じしん》の気持《きも》ちが落《お》ちこんでしまったりすることはあると思《おも》います。子《こ》どものころならなおさら。成長《せいちょう》するよろこびを感《かん》じ続《つづ》けることは、だれにだってできることじゃありません。

だから、いま、もしも苦《くる》しい思《おも》いをしている子《こ》がいたら、思《おも》いきって環境《かんきょう》を変《か》えてみて。自分《じぶん》が「楽《たの》しい」と思《おも》える場所《ばしょ》を探《さが》してみて。

短《みじか》い期間《きかん》でもいいと思《おも》います。いつもとはちがう環境《かんきょう》に飛《と》びこむことで、いつもとはちがう自分《じぶん》と出会《であ》えるかもしれません。

私《わたし》はそうでした。みんなにも「楽《たの》しい」が見《み》つかるといいな。

ヒント 20

メンタルは
強《つよ》くならない。
でも、
考《かん》えかたを変《か》えれば
「気《き》にならない」
ことを増《ふ》やせる。

ヤマガタ先生《せんせい》からキミへ

メンタルの強《つよ》さは人《ひと》それぞれの性格《せいかく》
でも「考《かんが》えかた」で変《か》えられる

スポーツを真剣《しんけん》にやっていると、「メンタルの大切《たいせつ》さ」について言《い》われたり、耳《みみ》にしたりすることがたくさんある。メンタルとは「心《こころ》」のこと。どんなに強《つよ》い相手《あいて》を前《まえ》にしてもビビらない、どんなに大《おお》きな舞台《ぶたい》でも自分《じぶん》の力《ちから》を発揮《はっき》できる、そんな〝強《つよ》い心《こころ》〟を持《も》てるなら、だれだって持《も》ちたいよね。

みんなの心《こころ》はどう？　強《つよ》いかな？　弱《よわ》いかな？　そもそも、メンタルって、きたえて強《つよ》くすることができるんだろうか？　みんなどう思《おも》う？

ぼくは、メンタルは人《ひと》それぞれが持《も》って生《う》まれた〝性格《せいかく》〟だから、きたえて「強《つよ》くする」ことは難《むずか》しいと思《おも》う。

でも〝考《かんが》えかたを変《か》える〟ことはできる。考《かんが》えかたを変《か》えて、気《き》になっていたことを気《き》にならないようにすることはできると思《おも》う。それができれば、強《つよ》い相手《あいて》を目《め》の前《まえ》にし

ても落《お》ち着《つ》いていられるかもしれないし、大《おお》きな舞台《ぶたい》での緊張《きんちょう》を小《ちい》さくすることができるかもしれない。

たとえば、ケガをしてしまったら、みんなはどんなことを考《かんが》える？　大《おお》きなケガであれば落《お》ちこんでしまう人《ひと》だっていると思《おも》う。思《おも》いっきり練習《れんしゅう》ができなくて、やるせない気持《きも》ちになってしまう人《ひと》だっていると思《おも》う。「成長《せいちょう》する時間《じかん》をけずられてしまった」と考《かんが》える人《ひと》だっているかもしれない。

ぼくは逆《ぎゃく》。ケガをしてしまったら、すごく残念《ざんねん》だし、くやしいけれど、「めっちゃチャンス！」とも思《おも》うんだ。

うまくいっているときに〝さらに成長《せいちょう》する〟って、すごく難《むずか》しいよね。なにをどう変《か》えたらいいかわからないし、うまくいっているんだからできればなにも変《か》えたくない。変《か》える勇気《ゆうき》を持《も》つことができない。

でも、ぼくの場合《ばあい》、ケガをしたときこそ「ここが弱《よわ》いからケガをしたんだ」「こういうケガをしない方法《ほうほう》を考《かんが》えればもっと強《つよ》くなれるよ」とだれかに教《おし》えられている気《き》がし

て、前向《まえむ》きな気持《きも》ちで自分《じぶん》と向《む》き合《あ》える。そう考《かんが》えるようになってから、心《こころ》が落《お》ちこんでしまうことが少《すく》なくなって、少《すこ》しだけメンタルが強《つよ》くなれた気《き》がした。

子《こ》どものころ、お父《とう》さんがぼくに言《い》った。

「おまえはモーリス・グリーン選手《せんしゅ》と同《おな》じヘソだから、モーリス・グリーン選手《せんしゅ》みたいに速《はや》く走《はし》れるぞ」

グリーン選手《せんしゅ》はアメリカの陸上選手《りくじょうせんしゅ》で、100メートル走《そう》の元世界王者《もとせかいおうじゃ》だ。お父《とう》さんの話《はなし》はすごくくだらない冗談《じょうだん》なんだけど、子《こ》どものころのぼくはうれしかったし、なぜか自信《じしん》になった。

つまり、メンタルの強《つよ》さ、心《こころ》の強《つよ》さは〝考《かんが》えかた〟ひとつで大《おお》きく変《か》わるってことだよね。強《つよ》さは性格《せいかく》。だから強《つよ》くするのは難《むずか》しくても、変《か》えることはできる。

みんなはどう思《おも》う？　もしも〝メンタルの弱《よわ》さ〟を気《き》にしている子《こ》がいるなら、ものごとの見《み》かたや考《かんが》えかたを変《か》える工夫《くふう》をしてみてほしい。

キミのおヘソ、だれに似《に》ているかな？（笑《わらい》）

ヤマガタの
こぼれ話《ばなし》コラム

長所《ちょうしょ》と短所《たんしょ》はオモテとウラ

こだわりが強《つよ》いことは、ぼくの長所《ちょうしょ》でもあり短所《たんしょ》でもある。よく言《い》えば探求心《たんきゅうしん》が強《つよ》い。悪《わる》く言《い》えば要領《ようりょう》が悪《わる》くて、8割《わり》の力《ちから》でなにかができない。陸上選手《りくじょうせんしゅ》としては、ケガをしないために「がんばりすぎずにがんばる」ことが必要《ひつよう》なときもあるんだけど、つい追《お》いこみすぎてしまって、それができないのはちょっと直《なお》したいところだ。でも、ひとつのことに10割《わり》の力《ちから》を注《そそ》いで、こだわりを持《も》っていろんなことをためすからこそ、「あれをやろう」「これをやりたい」ってインスピレーションがわいてくるから、長所《ちょうしょ》と短所《たんしょ》はまさに“表裏一体《ひょうりいったい》”なんだと思《おも》う。

性格《せいかく》の話《はなし》で言《い》うと、ぼくは「表面《ひょうめん》はネガティブ、奥底《おくそこ》はポジティブ」なタイプだ。心配性《しんぱいしょう》で、試合前《しあいまえ》は「準備《じゅんび》が足《た》りないんじゃないか」とやきもきしたり、試合前《しあいまえ》に自信《じしん》をアピールする発言《はつげん》をするのも苦手《にがて》だったりするんだけど、心《こころ》の奥底《おくそこ》では、「自分《じぶん》が思《おも》いえがいているレースをすれば負《ま》けない」とポジティブな気持《きも》ちを持《も》っている。いつも、自分《じぶん》のポテンシャルを100%発揮《はっき》することを考《かんが》えていて、それができれば勝《か》てると思《おも》っているから、たぶん根底《こんてい》では自信《じしん》があるんだと思《おも》う。

この感覚《かんかく》、「わかるよ」っていう子《こ》はいるかな？

第《だい》5章《しょう》

夢《ゆめ》や目標《もくひょう》を達成《たっせい》するためのヒント

ヒント 21

努力《どりょく》が「好《す》き」を「得意《とくい》」に変《か》えてくれる。だからやり続《つづ》けてみて！

ヒフミ先生《せんせい》からキミへ

いまは得意《とくい》じゃなくたって好《す》きならやり続《つづ》けてみよう

子《こ》どものころに始《はじ》めた柔道《じゅうどう》をずっと続《つづ》けてきた理由《りゆう》は、柔道《じゅうどう》が「好《す》き」で「強《つよ》くなりたかった」からだ。始《はじ》めたばかりのころにその思《おも》いがなかったら、もしくは、その思《おも》いをずっと持《も》ち続《つづ》けられなかったら、ぼくはとっくに柔道《じゅうどう》をやめていたと思《おも》う。

それくらいきびしい練習《れんしゅう》をたくさんしてきたし、苦《くる》しい思《おも》いもたくさん味《あじ》わってきた。キツかったし、つらかったけれど、それでも続《つづ》けてこられたのは「もっと強《つよ》くなりたい」と思《おも》える自分《じぶん》が好《す》きだからだ。柔道《じゅうどう》をがんばっている自分《じぶん》に対《たい》して、すごく前向《まえむ》きな気持《きも》ちになれるからだ。

いま、スポーツをがんばっているみんなもぼくと同《おな》じ気持《きも》ちで大好《だいす》きなスポーツに向《む》き合《あ》っているかな？

もしもそうじゃなかったら、いまの自分《じぶん》にとって興味《きょうみ》があること、「好《す》き」と思《おも》えることをやってみてほしい。最初《さいしょ》は真剣《しんけん》じゃなくたっていい。「楽《たの》しそうだな」と思《おも》えることがあったら、まずは一回《いっかい》、勇気《ゆうき》を出《だ》してチャレンジしてみてほしい。「楽《たの》しそうだな」と思《おも》える気持《きも》ちは、とても大切《たいせつ》だとぼくは思《おも》う。だって、始《はじ》めてみたらもっと強《つよ》く「楽《たの》しい」と感《かん》じるかもしれないし、それがきっかけになって大好《だいす》きになるかもしれない。その気持《きも》ちが原点《げんてん》になって、自分《じぶん》でもびっくりするくらい真剣《しんけん》に取《と》りくむことになるかもしれないよね。真剣《しんけん》に取《と》りくむようになったら、いつのまにか世界一《せかいいち》をめざすような選手《せんしゅ》になっているかもしれない。

ぼく自身《じしん》の経験《けいけん》を通《つう》じて思《おも》うのは、「好《す》き」「楽《たの》しそう」「おもしろそう」という小《ちい》さな理由《りゆう》が、じつはとても大《おお》きな可能性《かのうせい》をひめているということだ。ぼくは柔道《じゅうどう》が大好《だいす》きだから、たとえ苦手《にがて》なことがあっても、得意《とくい》になるまで練習《れんしゅう》する。自分《じぶん》が一番《いちばん》好《す》きなことだから、それができる。

ぼくはどんな相手《あいて》でも投《な》げられる選手《せんしゅ》になりたい。小《ちい》さなころからそう思《おも》っていた。

最初《さいしょ》は相手《あいて》の重《おも》さでつぶされてしまっていたけれど、担《かつ》ぎ技《わざ》の練習《れんしゅう》をたくさんしたら、いつのまにかそれが自分《じぶん》の得意技《とくいわざ》になっていた。

　好《す》きなこと、楽《たの》しいことをとことんやる。それが得意《とくい》になるまでやる。気《き》づいたら長所《ちょうしょ》になる。苦《くる》しいことやつらいことがあって、心《こころ》があきらめそうになったら、自分《じぶん》がどれだけ「好《す》き」なのかを確認《かくにん》してほしい。好《す》きだったら続《つづ》けられるし、好《す》きじゃなかったらやめて別《べつ》のことをしたっていい。自分《じぶん》でもわからなくなってしまったら、両親《りょうしん》や友《とも》だちに聞《き》いてみたらいい。そうやって、ゆっくり、じっくり、みんなが自分《じぶん》にとって大切《たいせつ》なにかを見《み》つけられたらいいなと、ぼくは思《おも》う。

　ぼくは柔道《じゅうどう》が好《す》きだ。ずっと楽《たの》しいし、ずっと強《つよ》くなりたいと思《おも》い続《つづ》けている。柔道《じゅうどう》と真剣《しんけん》に向《む》き合《あ》うことで、たくさんのことを学《まな》ぶことができているからこそ、みんなにも「大好《だいす》きななにか」を見《み》つけてほしいと願《ねが》っている。

ヒント 22

すべてが自分《じぶん》の実力《じつりょく》。
くやしいけれど、
私《わたし》はひたすら
歯《は》をくいしばって、
前《まえ》に進《すす》んでいく！

いまの自分《じぶん》、実力《じつりょく》を受《う》け入《い》れて
それでも負《ま》けない気持《きも》ちで前《まえ》へ！

イケエ先生《せんせい》からキミへ

みんなには、心《こころ》がポキッと折《お》れそうになる瞬間《しゅんかん》はありましたか？

私《わたし》にとってのそれは、やっぱり、病気《びょうき》になったときでした。


〝力《ちから》が出《で》ないとき〟は過去《かこ》にもありました。

高校《こうこう》2年生《ねんせい》のとき。リオデジャネイロオリンピックから1年近《ねんちか》くもの間《あいだ》、自己《じこ》ベスト記録《きろく》を更新《こうしん》することができませんでした。

でも、理由《りゆう》はわかっていました。ちゃんと練習《れんしゅう》できていない。ぜんぜんがんばれていない。オリンピックに出場《しゅつじょう》したことで、燃《も》えつき症候群《しょうこうぐん》（達成感《たっせいかん》から気力《きりょく》をなくしてしまうこと）になっていたんだと思《おも》います。

高校《こうこう》2年生《ねんせい》の世界選手権《せかいせんしゅけん》は100メートル・バタフライで6位《い》。リオデジャネイロオ

リンピックに出場《しゅつじょう》して「がんばればメダルが取《と》れるかもしれない」と思《おも》っていたのに、成績《せいせき》がぜんぜん変《か》わらなくて……。それがくやしくて、くやしくて、1カ月後《げつご》の世界《せかい》ジュニア選手権《せんしゅけん》まで、本当《ほんとう》に必死《ひっし》になって練習《れんしゅう》をがんばりました。
そうしたら、世界《せかい》ジュニア選手権《せんしゅけん》では日本記録《にほんきろく》を更新《こうしん》して、大会《たいかい》のMVP《エムブイピー》を受賞《じゅしょう》することができました。

だから、私《わたし》はちゃんと努力《どりょく》すれば、ぜったいに勝《か》てる。そう思《おも》っていました。

がんばっても、がんばっても、病気《びょうき》になってからの私《わたし》は、思《おも》ったとおりに勝《か》つことができなくなっていました。
でも、ここは勝負《しょうぶ》の世界《せかい》です。大《おお》きな病気《びょうき》を経験《けいけん》したからといって、私《わたし》のことを「大《おお》きなハンデをかかえている選手《せんしゅ》」とはだれも見《み》ません。
病気《びょうき》を経験《けいけん》しようが、ケガを経験《けいけん》しようが、勝《か》ちは勝《か》ち。負《ま》けは負《ま》け。だから私《わたし》も、「病気《びょうき》があったからうまくいきません」みたいな気持《きも》ちは持《も》っていないし、「また速《はや》く泳《およ》

ぎたい」「もっと強《つよ》くなりたい」と思《おも》うからこそ、水泳《すいえい》を続《つづ》けています。人《ひと》からみれば大《おお》きなざせつかもしれないけれど、私《わたし》はいまの私《わたし》として、もういちど結果《けっか》を出《だ》したい。そのために、毎日毎日《まいにちまいにち》、必死《ひっし》になってがんばっています。

自分《じぶん》がここまで元気《げんき》になると、自分《じぶん》でさえ病気《びょうき》のことを忘《わす》れてしまいそうになります。私《わたし》にとってはまちがいなく大《おお》きな出来事《できごと》。病気《びょうき》になってよかったことなんてひとつもないけれど、だからこそ、それまでになかった感情《かんじょう》を持《も》つことができたり、いろんなことを考《かんが》えられるようになったりもしました。

いまの私《わたし》が現実《げんじつ》。いまの結果《けっか》が実力《じつりょく》。本当《ほんとう》はすっごくくやしいけれど、歯《は》をくいしばって、自分《じぶん》の道《みち》をちゃんと進《すす》めるようにがんばります。

だから、みんなも、ざせつなんかに負《ま》けないで！

ヒント 23

だれかの
アドバイスには
ヒントがある。
でも決《き》めるのは自分《じぶん》。
そのバランスを
大切《たいせつ》に！

ヤマガタ先生《せんせい》からキミへ

自分《じぶん》のやりかたを信《しん》じるのも大事《だいじ》
でも人《ひと》の意見《いけん》にもヒントがあるかも

スポーツをやっていると、迷《まよ》うことがたくさんある。どんなトレーニングをしたほうがいいか。どんな考《かんが》えかたをしたほうがいいか。どっちの道《みち》に進《すす》むべきか……。正解《せいかい》は、やってみないとわからない。だから、いっぱいなやむ。そんな自分《じぶん》の姿《すがた》を見《み》て、まわりの人《ひと》たちがたくさんのアドバイスをくれる。で、またなやむ……。

そんなとき、みんなならどうする？　人《ひと》がくれたアドバイスを素直《すなお》に聞《き》くことができる？　それとも、自分《じぶん》が思《おも》うことをつらぬく？

ぼくは〝どっちも〟だ。人《ひと》の意見《いけん》を聞《き》くこともあるし、自分《じぶん》の意見《いけん》をつらぬくこともある。うまくいっていないときには「だれかの意見《いけん》を聞《き》いてみたい」という気持《きも》ちが強《つよ》い。でも、一方《いっぽう》で、うまくいっているときは自分《じぶん》がつくりあげてきたもの、自分《じぶん》が選択《せんたく》

してきたことを信《しん》じてつき進《すす》む。そうやっていろいろな経験《けいけん》を積《つ》み重《かさ》ねてきた結果《けっか》、人《ひと》の意見《いけん》と自分《じぶん》の意見《いけん》、その〝どっちも〟大切《たいせつ》にすることを学《まな》んだ。

２０１１年《ねん》の３月《がつ》、ぼくは大《だい》スランプにおちいっていた。

はじめて日本代表《にほんだいひょう》の合宿《がっしゅく》に呼《よ》ばれたのに、なにをやってもうまくいかなくて、どうすればいいかわからなかった。

その合宿《がっしゅく》で、先輩《せんぱい》や元《もと》日本代表選手《にほんだいひょうせんしゅ》からいろいろなアドバイスをもらった。なかにはぼくが思《おも》っていることとまったくちがうアドバイスもあって、正直《しょうじき》、最初《さいしょ》はものすごくとまどった。「これじゃあ、もっと悪《わる》くなってしまう！」と。

少《すこ》し落《お》ち着《つ》いて考《かんが》えたぼくは、こう思《おも》った。

「自分《じぶん》のやりたいようにやっていても調子《ちょうし》が悪《わる》いんだから、これもいい機会《きかい》だし、言《い》われたことをぜんぶやってみよう！」

それから1年後《ねんご》、少《すこ》しずつ、もらったアドバイスの効果《こうか》が出《で》てきたおかげで、ぼくは10秒《びょう》08という記録《きろく》を出《だ》すことができた。それが２０１２年《ねん》のロンドンオリンピックへの

出場《しゅつじょう》につながった。

「あのとき、言《い》われたことをやってみてよかった！」

ぼくは素直《すなお》にそう思《おも》った。

人《ひと》の意見《いけん》を受《う》け入《い》れるのは簡単《かんたん》じゃない。ぼくにだってプライドがあるし、自信《じしん》があるし、それまでやってきたことが正《ただ》しいと信《しん》じている。

だから、自分《じぶん》の意見《いけん》とはぜんぜんちがう人《ひと》の意見《いけん》は、本音《ほんね》を言《い》えばできるだけ聞《き》きたくない。みんなのなかにも、そう思《おも》う人《ひと》はたくさんいるんじゃないかな？

でも、だからこそ、ぼくは人《ひと》のアドバイスに耳《みみ》をかたむける。自分《じぶん》でどうにもならないことがあるなら、考《かんが》えかたや見《み》かたがちがう人《ひと》の意見《いけん》に答《こた》えがあるかもしれない。

まずは聞《き》いて、いちどチャレンジしてみる。ダメならまた変《か》えればいい。もういちど、自分《じぶん》の意見《いけん》をつらぬけばいい。

いつだって、最後《さいご》に決《き》めるのは自分自身《じぶんじしん》。だからこそ、意見《いけん》や選択肢《せんたくし》はたくさんあったほうがいいよね。困《こま》ったり、なやんだりしているときはだれかのアドバイスを聞《き》いてみて。自分《じぶん》では気《き》づけなかったヒントがかくれているかもしれないから。

ヒント 24

後悔《こうかい》しない道《みち》を
選《えら》ぶより
選《えら》んだ道《みち》を
後悔《こうかい》しないように
歩《ある》くのが大切《たいせつ》。

ウタ先生《せんせい》からキミへ

人間《にんげん》に不可能《ふかのう》なことなんてない
やり続《つづ》ければ、カベはこえられる！

夢《ゆめ》や目標《もくひょう》を持《も》つことって、そんなに簡単《かんたん》じゃないよね。やりたいことが見《み》つからない人《ひと》だっているし、見《み》つけてもなかなか本気《ほんき》になれない人《ひと》だってたくさんいます。でも、だれにでもできることじゃないからこそ、夢《ゆめ》や目標《もくひょう》を見《み》つけて、それを実現《じつげん》するためにブレない気持《きも》ちで前《まえ》に進《すす》もうとすることが、スポーツ選手《せんしゅ》だけじゃなく、どんな人《ひと》にとっても大切《たいせつ》なことなんじゃないかなと私《わたし》は思《おも》います。

そう思《おも》う理由《りゆう》は、私自身《わたしじしん》がそういう気持《きも》ちで前《まえ》に進《すす》んできたことで「成長《せいちょう》できた」と感《かん》じているからです。

チャレンジして、失敗《しっぱい》したこともたくさんあるけれど、そこから得《え》られるものもまた、たくさんありました。新《あたら》しい発見《はっけん》や「なるほど」と納得《なっとく》できる経験《けいけん》がたくさんありまし

た。失敗《しっぱい》してもかならず〝なにか〟がめばえていて、それが自分《じぶん》の力《ちから》になっていることに気《き》づいたこともありました。そうした経験《けいけん》から、私《わたし》は、「人間《にんげん》に不可能《ふかのう》なことなんてない！」と本気《ほんき》で思《おも》っています。

だから、もし目《め》の前《まえ》に大《おお》きなカベがあらわれても、私《わたし》はいつも〝たたいてこわす〟気《き》持《も》ちで真正面《ましょうめん》から向《む》き合《あ》っています。どれだけたたいてもこわれないときもあるけれど、でも、よーく見《み》るとかならず、どこかに小《ちい》さなヒビが入《はい》っていたりするから、それを探《さが》して、たたき続《つづ》ければ、かならずカベの向《む》こうへ行《い》けると信《しん》じています。

もちろん、私《わたし》ひとりの力《ちから》でできるわけじゃありません。

お父《とう》さんやお母《かあ》さん、お兄《にい》ちゃん、先生《せんせい》たちの声《こえ》に耳《みみ》をかたむけて、自分《じぶん》のなかで考《かんが》えて、答《こた》えを出《だ》して、自分《じぶん》のやりかたで挑戦《ちょうせん》してみる。自分《じぶん》のことをいつも気《き》にかけてくれている人《ひと》たちの声《こえ》には、かならずヒントがあります。だから、もしもみんながカベにぶつかって迷《まよ》うことがあったら、まずはすぐ近《ちか》くにいる人《ひと》たちの声《こえ》に耳《みみ》をかたむけてみてください。大《おお》きなヒントを見《み》つけられるかもしれません。

夢《ゆめ》や目標《もくひょう》を見《み》つけても、その途中《とちゅう》であきらめてしまうことだってあると思《おも》います。なにかのきっかけで、それまでとはちがう夢《ゆめ》や目標《もくひょう》を見《み》つけることだってあるかもしれません。そんなときは、どっちに進《すす》めばいいのかわからなくなるよね。自分《じぶん》で決《き》めた道《みち》が「もしもまちがっていたら」と考《かんが》えて、こわくなっちゃうかもしれません。

そんなとき、私《わたし》はいつもこう考《かんが》えるようにしています。

〝いつか後悔《こうかい》しないような道《みち》〟を選《えら》ぶのではなく、自分《じぶん》でしっかり考《かんが》えて選《えら》んだ道《みち》を、後悔《こうかい》しないように歩《ある》くことが大切《たいせつ》――。

どんな決断《けつだん》も、自分《じぶん》が決《き》めたなら失敗《しっぱい》じゃない。信《しん》じて進《すす》めば、失敗《しっぱい》してもかならず成長《せいちょう》できるし、それがぜったいに後悔《こうかい》しない〝正解《せいかい》〟になると私《わたし》は思《おも》います。

いつだって、自分《じぶん》を信《しん》じて。

私《わたし》は、これからもそんな気持《きも》ちで、どんどん前《まえ》に進《すす》んでいきたいと思《おも》っています。

家族とはチーム。いっしょに戦ってくれると心強い

私自身、両親からは本当に無償の愛をもらってきました。とても大きな愛情に包まれて育ってきたと思っています。

子どもたちと本当に真剣に向き合って、スポーツでも、勉強でも、そのほかのことでも、子どもが真剣にがんばっていることに対して、大人がいっしょに戦うような感覚でいてくれると、すごく心強さを感じるものです。

親がそうした感覚でサポートに取り組んでくれたからこそ、私は「父と母になにか恩返しをしたい」という気持ちを強く持つことができて、それが競技に向かうための力になっています。

「やってきなさい！」と放り出すよりも、「いっしょにがんばろう！」という姿勢でいてくれると、きっと子どもたちも、それを感じ取ってくれるのではないでしょうか。

私の父は、よく「家族とはチームだ」と言っていました。

たとえば、兄の一二三がなかなか勝てずにいて、反対に私が勝ち続けていたりすると、少しピリピリした空気が流れることもあります。でも、私はそこで兄を全力でサポートしたいし、家族が一丸となってサポートをします。

一方で、私がケガをしたり、負けてしまったときには、家族みんなが惜しまずにサポートをしてくれます。

なにかあったら、みんなでサポートするのが家族。お父さん、お母さんたちには、子どもといっしょになって戦ってほしいなと思います。

阿部詩

保護者・指導者の
みなさんへ
From Hifumi

トップの選手に共通するのは親御さんのバックアップ

世界のトップレベルにいる選手たちに、共通していることはなにか？

それは「両親の支え」です。海外の選手を見てもそう。成功している選手をよく見ると、そこには親のバックアップがあるものです。

だから、スポーツでも、そうでなくても、子どもが少しでもなにかに興味を持つことがあれば、手を差しのべて、できるかぎりのサポートをしてあげてほしいと思います。本当にその世界のトップへとたどり着きたいなら、親御さんのサポートは必要不可欠だと感じます。とりわけ、小学生だとどこか途中であきらめてしまうのも早いので、そこで両親の支えはとても大事になってきます。ぼく自身も、折れてしまいそうになったときに両親が支えてくれたから、今があると思っています。

サポートの仕方については、子どもの成長スピードや性格は人それぞれなので一概には言えませんが、ぼく自身の経験から言うと、厳しさを〝受け入れられる〟子であれば、はっきりと思いを伝えてあげるほうが、成長スピードは上がるのではないかと思っています。

ぼくの父は、とても厳しかったけれど、常にぼくをサポートしてくれて、今も昔もぼくのことを応援してくれています。厳しかったけれど、それは父の愛情でありやさしさで、ぼく自身も「柔道家として強くなりたい」と思っていたからこそ、その厳しさを受け入れることができました。そういった思いがなければ「イヤだ！」と言ってやめてしまっていたかもしれないけれど、自分がなりたい姿や目標が明確にあったからこそ、ぼくは反抗期になるヒマもなく、父の教えを受け入れて、成長してこられたのだと思います。

阿部一二三

保護者・指導者の
みなさんへ
From Ikee

楽しさ、うれしさ、充実感を引き出してあげるのが大人の役目

私の母は、よく試合を観に来てくれていましたが、たとえタイムが出なかったとしても「ああだこうだ」と私に言うようなことは、一切ありませんでした。

ただ、家には「目標シート」みたいなものが貼られていて、そこには1年に１回、２００メートル個人メドレー、50メートル自由形、１００メートル平泳ぎなど各種目の、クリアできそうで、できなさそうなくらいのタイムが設定されていて、なんとかクリアできたら花マルがつくんです。1年を終えて、すべてクリアできたときの達成感やうれしさを、母は引き出してくれていたのかなと思います。

私自身は、まだ親でもなければ指導者の経験もありませんが、選手の立場から考えると、小学生くらいのお子さんに対しては、やっぱりその競技の楽しさやうれしさを「引き出してあげる」指導が一番いいのでは、と感じます。

水泳の楽しさを見出してあげる。たとえば練習にちょっとした遊びを取り入れて、「プールって楽しいな」と思えるような環境をつくってあげられるのは、やっぱり指導者のみなさんです。

泳ぐのが好きでプールが楽しい子もいれば、友だちに会えるからプールに通うのが楽しい子もいて、「楽しい」は人それぞれですが、小学生の子どもたちが持っている無限の引き出しを開けてあげて、そこからあらゆる可能性を取り出してあげるような指導ができたら、素敵だと思いませんか？

池江璃花子

保護者・指導者の
みなさんへ
From Yamagata

親や指導者のひと言が、理屈を超えて心に響くことがある

本のなかでも挙げたエピソードになりますが、ぼくは子どものころに、父親から「おまえはモーリス・グリーン選手と同じヘソだから、モーリス・グリーン選手みたいに速く走れるぞ」と言われたことがあります。

なにげないひと言でしたが、ぼくはうれしかったし、なぜか自信を持つことができました。子どもというのは、親や指導者からかけられた言葉が、理屈を超えて心に残り、響くことがあります。

それはよくも悪くもで、言葉のかけかたによっては、反対にそれで自信を失ってしまう子もいるかもしれないし、自分みたいに励みになる子もいるでしょう。

だからみなさんも、子どもが自信を持てるような言葉をかけてほしいと思います。

ほかにも、ぼく自身がこれまでにしてきた経験から、子どもたちに伝えたいことを考えてみると……。

「これからも友だちを大事にしようね」ということは、ぜひ教えてあげてください。ぼくが友だちといっしょにいるのがとても好きだったこともありますが、本当にたくさんの人たちと出会い、自分のことをたくさん支えてもらいました。

そして、ぼくが小・中学生くらいのころを思い出してみると、「ケガ」というものに対して、いまほどポジティブに考えられてはいなかった気がします。たとえケガをしてしまっても、「ケガは先生、コーチみたいなものだから、チャンスだと思って前向きに向き合ってほしい」ということも、ぜひ伝えてあげてほしいと思います。

山縣亮太

おわりに

『一生役立《いっしょうやくだ》つこどもメンタル本《ぼん》』シリーズ制作《せいさく》チームより

『こころの輪《わ》　オリンピック編《へん》　世界《せかい》で戦《たたか》うアスリートのくじけないメンタルをつくる24のヒント』を手《て》にとってくれた子《こ》どもたち、それから、お父《とう》さんやお母《かあ》さん、保護者《ほごしゃ》や指導者《しどうしゃ》のみなさん、最後《さいご》まで読《よ》んでいただきありがとうございました。

柔道《じゅうどう》で兄妹《きょうだい》でのオリンピック制覇《せいは》をなしとげた阿部一二三《あべひふみ》選手《せんしゅ》と阿部詩《あべうた》選手《せんしゅ》、陸上《りくじょう》１００メートルで日本記録《にほんきろく》を持《も》つ山縣亮太《やまがたりょうた》選手《せんしゅ》、そして、大《おお》きな逆境《ぎゃっきょう》にもけっして負《ま》けずに、世界《せかい》の舞台《ぶたい》へともどってきた池江璃花子《いけえりかこ》選手《せんしゅ》の言葉《ことば》は、みなさんの心《こころ》に届《とど》きましたでしょうか?

4人《にん》はそれぞれの競技《きょうぎ》で、いくつものカベを乗《の》りこえ、いくつもの目標《もくひょう》をクリアして、自分《じぶん》らしさを表現《ひょうげん》してきたトップアスリートです。

でも、経験《けいけん》してきたこと、目《め》の前《まえ》にひろがっている世界《せかい》はそれぞれ大《おお》きくちがっていて、だからこそ、心《こころ》のなかにある言葉《ことば》も大《おお》きくちがう。「緊張《きんちょう》との向《む》き合《あ》いかた」はひとつじゃないし、「練習《れんしゅう》への取《と》りくみかた」もひとつじゃありません。

スポーツに真剣《しんけん》に取《と》りくむほど、かならずと言《い》っていいほど、大《おお》きなカベにぶつかります。しかも、次《つぎ》から次《つぎ》へと。子《こ》どもたちがそれに直面《ちょくめん》したとき、自分《じぶん》の心《こころ》とどのように向《む》き合《あ》えば〝次《つぎ》〟に進《すす》めるのか。

スポーツが大好《だいす》きな子《こ》どもたちに、心《こころ》の迷《まよ》いを取《と》りはらうヒントを届《とど》けたい。トップアスリートの言葉《ことば》で、子《こ》どもたちの背中《せなか》をやさしく押《お》してあげたい。そんな思《おも》いから、「こころの〜」と題《だい》したこのシリーズはスタートしました。

第《だい》1作《さく》『こころのパス』はサッカー編《へん》（中村憲剛《なかむらけんご》、佐藤寿人《さとうひさと》、今野泰幸《こんのやすゆき》・著《ちょ》）、第《だい》2作《さく》『こころのラリー』は卓球編《たっきゅうへん》（水谷隼《みずたにじゅん》、石川佳純《いしかわかすみ》・著《ちょ》）、さらに今回《こんかい》、第《だい》3作《さく》として『こころの輪《わ》』を、オリンピック編《へん》（本書《ほんしょ》）とパラリンピック編《へん》（池透暢《いけゆきのぶ》、道下美里《みちしたみさと》、山本《やまもと》篤《あつし》・著《ちょ》）にわけて、2冊同時《さつどうじ》に刊行《かんこう》することができました。

シリーズを通《とお》して、たくさんの言葉《ことば》を受《う》け取《と》って、あらためて思《おも》います。

トップアスリートの本当《ほんとう》のすごさは、技術《ぎじゅつ》よりもメンタルにある。

彼《かれ》らと面《めん》と向《む》かって話《はな》すと、そのことを強《つよ》く感《かん》じると同時《どうじ》に、少年少女時代《しょうねんしょうじょじだい》の彼《かれ》らもまた、普通《ふつう》の子《こ》どもたちと同《おな》じように成長《せいちょう》のカベにぶつかり、それを乗《の》りこえながら強《つよ》い心《こころ》を手《て》に入《い》れてきた過程《かてい》を知《し》ることができます。それがトップアスリートにとっての特別《とくべつ》な価値《かち》であると、私《わたし》たちは考《かんが》えています。

しかし、技術的《ぎじゅつてき》なすばらしさを解説《かいせつ》する文献《ぶんけん》は数多《かずおお》く存在《そんざい》しても、そのメンタルの強《つよ》さ、心《こころ》の持《も》ちかたを言語化《げんごか》し、それをアドバイスとして子《こ》どもたちに届《とど》けようとする文《ぶん》献《けん》はそれほど多《おお》くありません。

子《こ》どもたちがもっと楽《たの》しく、もっと明《あか》るく、もっと前向《まえむ》きにスポーツを楽《たの》しめたら、いまよりもっと素敵《すてき》な社会《しゃかい》が実現《じつげん》すると思《おも》いませんか？

そんな未来《みらい》を夢見《ゆめみ》て、子《こ》どもたちに本書《ほんしょ》『こころの輪《わ》』が届《とど》くことを願《ねが》っています。

２０２４年初夏《ねんしょか》

PROFILE

阿部詩（あべ・うた）

2000年7月14日生まれ。兵庫県出身の柔道選手（女子52kg級）。パーク24所属。5歳で柔道を始め、2017年に世界ジュニア選手権大会で優勝。翌2018年には初出場の世界柔道選手権を制覇。男子66kg級で優勝した兄・一二三とともに日本柔道界で史上初となる兄妹による世界選手権同時優勝を達成。以降、2019年、2022年、2023年と世界選手権を4度制覇している。2021年の東京2020オリンピックでは女子52kg級で金メダル、混合団体で銀メダルを獲得した。得意技は内股、袖釣込腰。

阿部一二三（あべ・ひふみ）

1997年8月9日生まれ。兵庫県出身の柔道選手（男子66kg級）。パーク24所属。2014年、高校2年生で講道館杯全日本柔道体重別選手権を制し、さらに同年のグランドスラム・東京でも優勝し、それぞれ史上最年少記録を樹立。2017年に初出場の世界柔道選手権で優勝。以降、2018年、2022年、2023年と世界選手権を4度制覇している。2021年の東京2020オリンピックでは男子66kg級で金メダル、混合団体で銀メダルを獲得した。豪快な背負投を武器にした一本勝ちが魅力。

池江璃花子（いけえ・りかこ）

2000年7月4日生まれ。東京都出身の競泳選手（バタフライ・自由形）。横浜ゴム所属。高校1年生で出場したリオデジャネイロオリンピックで、日本人選手最多の7種目への出場を果たし、100mバタフライでは5位入賞。2017年日本選手権では女子史上初となる5冠、翌年のアジア大会では史上初となる6冠を達成し大会最優秀選手に選出された。2019年、白血病と診断され治療を余儀なくされたが2020年に実戦復帰。2021年の東京2020オリンピックでは3種目に出場し、女子4×100mメドレーリレーでは決勝に進出した。個人種目11個とリレー種目6個、計17種目の日本記録を保持している。

山縣亮太（やまがた・りょうた）

1992年6月10日生まれ。広島県出身の陸上競技選手（短距離）。セイコー社員アスリート。慶應大学2年時の2012年、ロンドンオリンピックの日本代表に選出され、男子100m（準決勝進出）、男子4×100mリレー（4位入賞）に出場。2016年のリオデジャネイロオリンピックでは男子100mでオリンピック日本選手史上最速となる「10秒05」を記録し、男子4×100mリレーでは第一走者として銀メダル獲得に貢献した。2021年6月には布勢スプリントで100m「9秒95」をマークし、日本記録保持者に。3大会連続出場となった2021年の東京2020オリンピックでは、日本選手団主将を務めた。

構成　細江克弥
イラスト　德永明子
アートディレクション　小島正継（株式会社graff）
デザイン　浅田深里、牧花（株式会社graff）
協力・写真提供　パーク24株式会社
株式会社SPORTS Edge
セイコーグループ株式会社
校閲　小学館クリエイティブ校閲室
編集　寺澤 薫、板倉杏奈、川本真生（小学館クリエイティブ）

本書に記載されている内容やデータは2024年6月時点のものです。

こころのラリー

卓球メダリストのメンタルに学ぶ たくましく生きる22のヒント

水谷隼　石川佳純
2024年5月発売
128ページ
定価1,540円（10％税込）

こころのパス

サッカーで折れないメンタルをつくる21のヒント

中村憲剛　佐藤寿人　今野泰幸
2022年8月発売
128ページ
定価1,540円（10％税込）

本書のテキストデータを提供いたします

視覚障がい・肢体不自由などの理由で必要とされる方に、本書『こころの輪　オリンピック編』のテキストデータを提供いたします。こちらのQRコードよりお申し込みの上、テキストをダウンロードいただけます。

こころの輪 オリンピック編

世界で戦うアスリートのくじけないメンタルをつくる24のヒント

2024年7月17日　初版第1刷発行

著　者　　阿部詩　阿部一二三　池江璃花子　山縣亮太
発行者　　尾和みゆき
発行所　　株式会社小学館クリエイティブ
〒101-0051 東京都千代田区神田神保町2-14 SP神保町ビル
電話0120-70-3761（マーケティング部）
発売元　　株式会社小学館
〒101-8001 東京都千代田区一ツ橋2-3-1
電話03-5281-3555（販売）
印刷・製本　　中央精版印刷株式会社

ISBN 978-4-7780-3634-8